Gaia

Giovanni Arena

BENVENUTI IN ECONOMY CLASS

Le mie avventure da 9,99
per viaggiare in giro per il mondo

MONDADORI

Progetto grafico e illustrazioni
di Andrea Q / studio pym

librimondadori.it

Benvenuti in economy class
di Giovanni Arena
Collezione Gaia

ISBN 978-88-04-74300-2

I edizione settembre 2021
Anno 2021 - Ristampa 1 2 3 4 5 6 7

INDICE

BENVENUTI IN ECONOMY CLASS

Questo libro è per te

1

"QUELLO CHE VIAGGIA"

Evadere: è la prima parola che mi viene in mente quando penso a un viaggio.

La seconda? **Diversità**.

Che poi, se ci pensate, hanno quasi lo stesso significato.

Entrambe implicano "uscire dalla bolla". Spostarsi dal centro della mappa. Essere se stessi e imparare dagli altri. Sono poche le attività che ti consentono di farlo. Una è la musica, per esempio. Che infatti, guarda caso, è all'origine della mia passione per i viaggi.

Mi spiego.

A sedici anni, la musica è tutto per me. È il mio modo di essere felice. Di scappare da una realtà con cui non sono sempre in sintonia. Non è che sono triste: sono solo diverso.

I miei compagni del liceo hanno passioni più o meno

standardizzate e parlano di argomenti più o meno standardizzati, o almeno così mi pare. Di sicuro non pensano come me e non hanno le mie passioni, tanto che finisco per passare come quello che se ne sta per i fatti suoi, che crede di essere incompreso (anche se poi magari non lo è). Non lo dico per autocompatirmi: è proprio così!

Vale per i miei compagni di scuola ma anche per il posto dove vivo, un paesino vicino Tropea, in provincia di Vibo Valentia, Calabria.

In questo momento la **musica** è ciò che mi permette di evadere e di essere me stesso; e di scoprire che non sono l'unico, che in realtà ci sono altre persone come me.

→

Andare ai concerti è una rivelazione. Lì mi sento capito. Trovo persone che comprendono ciò che amo. Persone che sono diverse da me, ma come me.

←

Di questa diversità Lady Gaga è la regina indiscussa.

Nessuno è come lei. In niente, a partire da come si presenta. Solitamente le cantanti pop sono fatte con lo stampino, capelli curati, fisico perfetto... Quando vedi

Lady Gaga capisci subito che non ha niente a che fare con i canoni tradizionali. Che è altro, appunto: diversa.

Quando esce *Gypsy* ho circa diciassette anni. E non ho bene idea di cosa significhi questo termine, non riesco a capire come una parola usata spesso in senso negativo e nei contesti più vari racchiuda un modo di vivere, una vera filosofia (la ***gypsy life***).

Nella canzone Lady Gaga menziona qualcosa come cinquanta città e racconta di come venga sballottata a destra e sinistra, di come questo le procuri stress ma allo stesso tempo amore, perché ama quello che fa, ama esplorare il mondo e le sue differenze.

E ascoltandola mi dico: cavolo, voglio farlo anch'io! Così, dopo il suo primo concerto a Milano, un'idea si insinua in me: perché non seguirla in giro per l'Europa?

Ed è in questo modo che la passione per la musica mi apre la porta ai **viaggi**. Introducendo nella mia esistenza qualcosa che, altrimenti, non sarebbe stato nel mio destino.

→

Fino ad allora non avevo mai viaggiato.
Non avevo mai preso un aereo.
E non m'interessava neppure.

←

D'altra parte non vengo da una famiglia di viaggiatori: vivendo già molto vicino al mare, non ci spostavamo neppure per le vacanze.

Anche per questo, quando per il mio diciottesimo compleanno organizzo il primo viaggio all'estero, li tengo all'oscuro fino all'ultimo. Zero, non dico niente. Sono sicuro che non capirebbero... A Londra? Per andare a vedere Lady Gaga (che tra l'altro avevo già visto in Italia)?

Così faccio tutto da solo, prendo i biglietti per il concerto e poi mi metto a organizzare il resto. Sono alle prime armi con... tutto, figurarsi se so come funzionano le compagnie *low cost*. Comunque sia ci riesco, e poco dopo comincio il viaggio che dall'aeroporto di Lamezia Terme mi porta a Milano e da Milano a Londra.

Nonostante la sistemazione non sia il top (una casa condivisa con altre sette persone, con un unico bagno, che per di più è un buco, ovviamente sprovvisto di bidet) e nonostante le mie prime "ignorantate" (come quando faccio confusione tra Tower Bridge e London Bridge e, preso dall'entusiasmo, scrivo nei miei post su Instagram: "Finalmente ci sono!" indicando il ponte sbagliato), è un viaggio importante, che cambia per sempre la mia vita. Che mi fa capire cosa voglio farne.

Non ci metto tanto: lo realizzo subito. Faccio un giro per Camden Town e mi dico: "Cavolo, qui fuori c'è un mondo! Svegliati, Giovanni!". Al punto che sono ancora a Londra quando compro il biglietto per il viaggio successivo. Senza sapere che è soltanto l'inizio, che cioè sto entrando in un circolo vizioso, una specie di tour senza fine. Che ogni nuova città non è che una tappa, un punto di arrivo e di partenza per quella successiva.

→
Insomma, il "fuoco del viaggiatore" si è acceso dentro di me.
←

E comincio a condividerlo sui social.

Col tempo prendo confidenza, inizio a capire come funziona e soprattutto mi specializzo nei viaggi *low cost*.

Il motivo è semplice: ho pochi soldi e tanta voglia di esplorare. O prendo tutto quel che guadagno e lo investo fino all'ultimo centesimo in un singolo viaggio alle Maldive oppure mi "accontento", cioè faccio tanti viaggi brevi nel corso dell'anno. Che poi, se organizzati per bene, non hanno nulla da invidiare a quelli tradizionali.

È vero, col *low cost* punti sulla quantità. Però, di volta in volta, sviluppi una competenza e, grazie all'esperienza, trovi anche la qualità. Scopri che il viaggio *low cost* non è solo l'aereo talmente pieno che non ci entra più nemmeno uno spillo, il sedile scomodo o il bagaglio tra le gambe. Cioè, è anche questo. Ma ne vale la pena se quell'aereo ti porta a vedere l'aurora boreale o l'alba in mezzo a un deserto.

Per questo ho deciso di scrivere il **libro** che avete tra le mani.

Per raccontare alcuni dei miei viaggi. Per farvi viaggiare con me. E darvi qualche suggerimento per farlo da soli.

Ogni capitolo racconta una storia, un'esperienza diversa. Con itinerari, consigli e indicazioni. Per quell'esperienza in particolare e per i viaggi *low cost* in generale.

Perché il segreto sta nell'essere aperti e curiosi ma anche in una buona **organizzazione**.

Innanzitutto perché è ciò che ti fa **risparmiare**: se organizzi un viaggio *last minute* rischi il bagno di sangue, ma se pianifichi per tempo, se prendi il calendario e riempi in anticipo con un viaggio tutti i tuoi spazi liberi (ferie, feste, weekend, ponti eccetera), le spese crollano.

E poi perché è vero che è bello lasciarsi sorprendere, ma non c'è sorpresa se non ti metti nelle condizioni di viverla. Un po' come quando guardi un quadro astratto: magari ti piace già così com'è, però se conosci quel che c'è dietro sicuramente lo apprezzi ancora di più. Sapere in anticipo le cose (dove andare, cosa fare, dove dormire, dove mangiare) non toglie niente, anzi aggiunge **valore**.

Al resto ci pensa il viaggio in sé.

Che è la cosa più bella che possiamo fare. Uscire dalla "normalità". Vivere il mondo in tutti i suoi colori.

Vivere *gypsy*.

**Benvenuti nel mio mondo,
quello delle avventure da 9,99!**

2

TUTTO IN 24 ORE

"Sei fuori di testa!"

In genere, questa è la prima frase che mi sento dire ogni qualvolta decido di visitare una città all'estero in 24 ore (o anche meno!).

È vero, probabilmente chi lo dice ha ragione. Ma solo se per essere fuori di testa s'intende amare l'avventura, la sfida e soprattutto voler spendere poco. Il fatto è che non tutti hanno a disposizione un budget illimitato.

→

E per visitare il mondo ci vorrebbero non solo sette vite ma anche sette banche.

←

Allora sì, in questo senso sono fuori di testa: preferisco fare un viaggio in giornata piuttosto che non farlo affatto.

→

Preferisco vedere tanti luoghi e tante persone di corsa piuttosto che chiudere gli occhi la sera e risvegliarmi la mattina dopo sempre nel solito posto.

←

Nella mia testa è un ragionamento sensato. Forse per qualcuno non lo è. Ma non m'importa: viaggiare mi ha insegnato proprio questo, la diversità è la cosa più preziosa.

Quando fai un viaggio in 24 ore la tua realtà viene ribaltata così velocemente che appena torni a casa ti viene spontaneo chiederti se hai viaggiato per davvero. Un po' come quell'amico che prende una sbronza colossale e la mattina dopo ti domanda: cosa ho fatto?

Tutto quello che hai visto, vissuto e sperimentato si trasforma in ricordi, immagini ed emozioni che svaniscono prima ancora di poterli riassaporare. Eppure ci sono stati, erano tangibili, reali. Un po' come se avessi trattenuto il fiato per tutto il tempo che sei stato lontano, ma in quell'ultimo respiro che hai preso prima di imbarcarti sull'aereo di ritorno ci fosse un'aria diversa. Che porti con te. Che ti arricchisce. Che ti permette di prenderti una pausa dalla monotonia della vita di ogni giorno.

Ma come ci sono arrivato?

O, meglio, com'è cominciato tutto quanto? Per prima cosa vi dirò *dove* è cominciato tutto quanto! In un'aula universitaria, durante una lezione di marketing, nel 2018.

All'epoca studiavo psicologia a Milano e per mantenermi facevo lo steward alle fiere e a qualsiasi evento mi chiamassero: guadagnavo poco, 300 euro al mese se andava bene, ma mi bastavano per non pesare sui miei, che già si occupavano della retta universitaria, abbastanza onerosa.

Non pativo la fame: facevo esattamente come la maggior parte dei ragazzi che studiano in una città che non è la loro. Mi arrangiavo.

Solo che non mi bastava.

→

Sentivo che mancava qualcosa. Anche a Milano, come era stato in Calabria, avvertivo un bisogno costante di evadere, di fuggire dalla realtà.

←

Il problema era che non potevo farci molto. Di sicuro non potevo permettermelo.

Quel giovedì 6 dicembre, sono a lezione: non solo l'ultima della settimana, visto che a Milano il 7 dicembre è festa, ma anche l'ultima della giornata; quel tipo di lezione che non sai se seguire, giocandoti gli ultimi neuroni che ti sono rimasti, oppure saltare sperando che qualche anima pia ti passi poi gli appunti.

Quel giorno c'ero andato più che altro spinto dal senso di colpa. Nonostante la stanchezza da fine semestre (pure quello stava finendo!) non me la sentivo di andarmene a zonzo mentre i miei facevano sacrifici per pagarmi la retta.

→

Non potevo sapere che quella decisione presa controvoglia mi avrebbe cambiato la vita.

←

Non tanto per la lezione in sé, per quello che il professore stava spiegando, quanto per ciò che è successo *durante*, mentre ero lì che prendevo appunti sul computer.

Una notifica, una mail dal sito Ryanair. Una di quelle **newsletter** fastidiose, con quei banner giganti coloratissimi che ti importunano nei momenti meno adatti, che quando compaiono pensi solo: "Mannaggia a me e a quando ho deciso di iscrivermi!".

In genere lo fai in automatico. Butti l'occhio. Sbuffi. Sposti il cursore sullo schermo. E la cancelli.

Stavolta è diverso. Sarà la noia, sarà il destino, fatto sta che l'occhio mi cade sulla scritta "**Voli a 5 euro per 24 ore**".

Possibile?

Di mio sono scettico. Per di più mi trovo a una lezione di marketing pubblicitario e, per quanto distratto, non posso non esserne influenzato. Così penso: "Sarà una di quelle pubblicità che non ti dicono proprio tutto. Ci sarà la classica scritta in caratteri minuscoli che noti solo a cose fatte".

E poi, sebbene Ryanair non sia più una piccola compagnia irlandese sconosciuta, quando ti imbatti nelle sue offerte la prima reazione è ancora: "È una fregatura".

Ma stavolta è diverso, e decido di approfondire e cliccare sul banner, anche se non so bene cosa aspettarmi.

Dopo pochi istanti si apre una pagina. Ed effettivamente in questa pagina c'è una selezione di voli a 5 euro.

Sono incredulo, soprattutto quando noto che tra le possibili destinazioni c'è **Edimburgo**, una meta abbastanza lontana dall'Italia.

Tuttavia lo scetticismo non mi abbandona.

LOW COST: CHI CERCA TROVA

Risparmiare sui voli aerei è possibile, basta solo conoscere il metodo giusto! Eccone alcuni che sono convinto vi saranno di grande aiuto.

IL METODO NEWSLETTER

Le tanto fastidiose quanto utili comunicazioni da parte delle aziende che arrivano via mail. Tutto quello che dovete fare è andare in fondo alla pagina dei siti delle vostre compagnie di viaggio preferite e iscrivervi: quando usciranno nuove offerte, sarete i primi a saperlo.

IL METODO ANDATA SENZA RITORNO

Se non riuscite a trovare un'andata e un ritorno che combacino e che siano ugualmente economici, ricordatevi che potete partire da un aeroporto e tornare in un altro non lontano (basti pensare che Milano è servita da tre diversi aeroporti: Linate, Malpensa e Orio al Serio). Spesso le compagnie non consentono di prenotare andata e ritorno su aeroporti diversi: forse per nascondere le tariffe migliori? Chi lo sa. Per aggirare il problema provate a cercare il volo di sola andata da un aeroporto e il ritorno verso un altro: sarete meravigliati da quanti soldi risparmierete. Ma attenzione: tenete

sempre d'occhio il costo del trasporto dall'aeroporto alla città: spesso i voli *low cost* atterrano lontano dal centro e quello che avete risparmiato sul biglietto rischiate di spenderlo per raggiungerlo. Per questo dovrete essere abbastanza bravi da ingannare il sistema. Come? Scegliendo semplicemente un'altra compagnia. Non è obbligatorio volare con la stessa sia all'andata che al ritorno. Guardatevi in giro, prenotate sempre le tratte singole: l'andata con un vettore e poi, sempre che vogliate tornare, il rientro con uno diverso.

IL METODO SKYSCANNER

Il mio metodo preferito. Quello che tendenzialmente non ti delude mai. Come dite? Che cos'è Skyscanner? È un comparatore di compagnie aree che ti consente di trovare le tratte più adeguate alle tue esigenze (più economiche, più brevi, con meno scali eccetera). Quando l'ho scoperto mi ha cambiato la vita.

IL METODO PORTAMI OVUNQUE

Non scegliete in base a dove vorreste andare, ma in base a cosa è più economico. Potreste scoprire destinazioni che non avete mai considerato nella vostra vita. E potrebbero diventare anche le vostre mete preferite.

IL METODO COGLI L'ATTIMO

Questo metodo prevede di comprare i voli di martedì e mercoledì. In questi due giorni, infatti, i prezzi si abbassano no-

tevolmente dato che le compagnie rimettono in vendita i biglietti invenduti durante il fine settimana precedente. In generale, se possibile, viaggiate durante la settimana, perché il weekend è ambito da molti (e le compagnie lo sanno). Infine, aggiornate di continuo (ogni giorno ma anche ogni ora!) la pagina della compagnia *low cost* che vi interessa: è possibile che si aggiornino anche i voli in offerta.

IL METODO ATTENTI A COSA CLICCATE

Ok, volare a 9 euro è fantastico, ma tenete sempre a mente che il bagaglio non è incluso, e spesso Ryanair e simili, prima di farti acquistare un volo, ti portano a cliccare su "acquista bagaglio" (e mille altre opzioni: "noleggia una macchina", "trova un albergo" eccetera) per far lievitare il prezzo. Perciò attenzione a quel che cliccate. Nella tariffa di 9 euro è incluso solo uno zaino e sinceramente vi basterà, soprattutto se visitate la città per 24 ore: alla fine, non dovete mica fare una sfilata di moda, no?

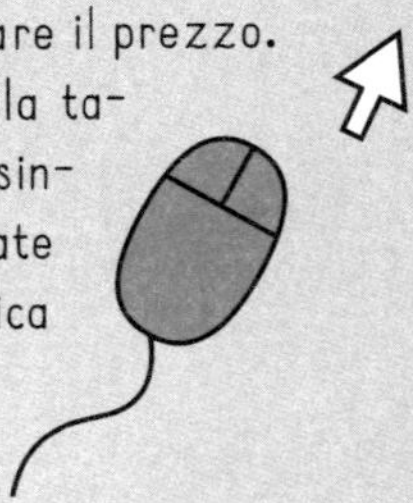

→
"Ma seriamente costa meno di un McMenu?"
"Non è che cade l'aereo?"
"Mi posso fidare?"
←

E infatti dopo aver approfondito scopro che quel prezzo riguarda solo il volo di andata.

Ma la cosa non è che mi abbatta, anzi: per me che sono reduce dalla fine di un amore non è un gran periodo, così per un attimo penso: quasi quasi ci rimango, a Edimburgo.

Poi, già che ci sono, mentre la voce del prof continua a entrarmi in un orecchio e a uscirmi dall'altro senza toccarmi più di tanto, decido di cercare il ritorno: come immaginavo, i prezzi sono decisamente superiori, niente di esagerato ma sicuramente fuori dal mio budget, dai 50 agli 80 euro. Peccato.

Sto per rinunciare, però, accidenti, Edimburgo mi è rimasta in testa.

È una città di cui so poco o niente, praticamente solo che è la capitale della Scozia, ed essendo sempre stato curioso mi dico: se non posso andarci di persona posso comunque farlo qui, con la fantasia.

E mentre il prof continua a parlare mi metto a guardare qualche immagine online: le case in mattoni, il cielo piovoso, il mare del Nord... E poi mi imbatto in un dato curioso: la popolazione non raggiunge i 500 mila abitanti. Cioè non è un buco, ma neppure una città immensa.

→

**Ecco, in quel momento scatta qualcosa.
Un'idea che non avevo mai avuto.
Folle, appunto.
Una specie di sfida:
e se la visitassi in 24 ore?**

←

L'idea è folle, ma, prima di pensarla nei particolari, devo verificare una cosa.

Torno sulla pagina di Ryanair e invece di fare come al solito, cioè selezionare la data di ritorno a tre o quattro giorni dalla partenza, la cerco il giorno dopo, esattamente alla stessa ora.

Premo Invio e... altro colpo di scena: il volo c'è e il prezzo è uguale, anzi è inferiore (seppur di un centesimo!): 5 euro all'andata, 4 euro e 99 al ritorno. Strabuzzo gli occhi: andare e tornare da Edimburgo mi sarebbe costato 9 euro e 99. Ma come mai? Semplicemente io ero abituato a fare il classico ponte, partendo in un giorno feriale e tornando in un festivo, ma visto che fanno tutti così il prezzo sale. Provando, invece, a ritornare in un giorno feriale il prezzo scende, perché nessuno è così fuori di testa da partire da Edimburgo verso Milano un lunedì mattina presto, nessuno tranne me, o voi che state leggendo.

«Gio, Gio...»

Sono così immerso nella ricerca che mi sono scordato di essere a lezione. In qualche modo è come se stessi già viaggiando.

Per fortuna c'è la mia amica Sofia, seduta accanto a me, ad afferrarmi per il ciuffo e a riportarmi con i piedi per terra. Almeno per un attimo.

«Tutto bene?» domanda, mentre continua a digitare appunti sul suo portatile. «Mi sembri un po' fuori...»

Io stacco gli occhi dallo schermo, li poso nei suoi, e senza neppure pensarci dico: «Ho trovato un volo per Edimburgo a 10 euro, partenza domenica alle 8 e ritorno il giorno dopo alla stessa ora... Vuoi fare questa cazzata?».

Lei, che come me non è al cento per cento a posto, resta un attimo pensierosa. «Mi sembra proprio una cazzata... da fare!» risponde divertita. «Ma come facciamo con le lezioni di lunedì?»

«Facile, ci andiamo direttamente da Edimburgo!»

La mattina della partenza siamo felici, increduli e soprattutto in ansia.

→

Non abbiamo mai fatto niente del genere, quel che sappiamo è che dobbiamo vedere più cose possibile in poco tempo; come dice Lady Gaga: *faster than you can say "Ferrari"*.

←

E comunque nei giorni precedenti abbiamo già affrontato e risolto la prima complicazione: il **bagaglio**.

Quando parli di Ryanair è tutto un fiorire di leggende metropolitane: peso, dimensioni, priorità... Più che in psicologia sembrerebbe necessaria una laurea in ingegneria. Oltretutto un viaggio di 24 ore in una località che non conosci rappresenta una vera incognita: come sarà il clima? Cosa mi servirà davvero e cosa invece è superfluo portare?

In realtà, basta prendere le misure (in tutti i sensi!) e il problema è risolto, come constatiamo in aeroporto, al momento dei controlli, che filano via lisci, senza intoppi.

Ero comunque già sicuro del fatto mio dopo un rapido confronto tra i rispettivi bagagli quando all'alba ci siamo ritrovati sotto casa di Sofia, circondati da una Milano ancora immersa nel sonno, le strade deserte e silenziose.

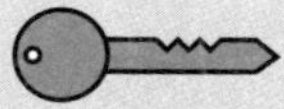

PICCOLO VIAGGIO
PICCOLO BAGAGLIO

Per un viaggio di 24 ore conviene usare uno zaino di piccole dimensioni, da mettere sotto il sedile dell'aereo e facile da portare sempre con sé.
Deve contenere un vero e proprio "kit di sopravvivenza": un cambio, spazzolino e dentifricio, deodorante, snack presi ovviamente prima di mettere piede in aeroporto, dove i prezzi si gonfiano a dismisura, e tanto Polase; e se vi state chiedendo cosa sia il Polase: è quell'integratore che ti salva la vita quando stai per cedere, è come un caricabatterie di cui ti servi quando l'energia è al lumicino.

Poi, se anche per un viaggio *low cost* senza limiti di tempo volete optare per il solo bagaglio a mano il mio consiglio è... prendere un bel respiro e non cedere al panico.
Le dimensioni consentite sono quello che sono, e cambiano a seconda delle compagnie aeree, l'importante è adattarsi.

Prima regola: portare solo i vestiti che si usano spesso, quelli più comodi che si possono mettere in ogni situazione.
Prima di infilarli in valigia meglio arrotolarli, in questo modo occupano meno spazio e sono meno a rischio spiegazzatura. Usate bustine e custodie per i prodotti per il corpo e la tecnolo-

gia e riempite ogni spazio vuoto (per esempio con la biancheria intima e i calzini!), sfruttando anche le tasche interne ed esterne.
Ovviamente, nel caso di uno zaino, le scarpe di riserva (se proprio le dovete portare!) e gli altri capi pesanti vanno sistemati in basso: in alto lasciate ciò che usate più spesso e vi serve avere sottomano (documenti, pc, libri ecc.).

Già, perché questa è un'altra caratteristica dei viaggi di 24 ore e dei *low cost* in generale: la **sveglia** a orari disumani. Nel nostro caso alle 4 del mattino, dato che volevamo essere all'aeroporto di Orio al Serio alle 7. O meglio, la mia #giovansia voleva essere lì a quell'ora, quando invece (fossimo stati tipi tranquilli) saremmo potuti benissimo arrivare un po' prima delle 8. Però non siamo tipi tranquilli ed è sempre meglio arrivare prima che dopo, non si sa mai cosa può succedere!

Fatto sta che il bus navetta ci scarica in aeroporto puntuali e col bagaglio della misura giusta: il mio primo viaggio di 24 ore può cominciare.

Edimburgo in 24 ore

La nostra avventura comincia prima del previsto perché grazie al fuso orario guadagniamo un'ora, che in un viaggio in cui ne hai a disposizione ventiquattro è tantissimo.

Una volta usciti dal piccolo aeroporto ci dirigiamo alla fermata dei **BUS**, il mezzo più economico per raggiungere il centro.

La scelta ricade sulla compagnia **AIRLINK 100**, precisamente su un bus azzurro a due piani (la prima novità!) che costa appena 4,50 sterline (molto poco considerando i prezzi medi della Gran Bretagna) e in meno di 30 minuti ci conduce nel cuore di Edimburgo, al Waverley Bridge, il ponte che divide la città vecchia dalla nuova.

POP-UP

Se il cambio valuta vi spaventa, se fate confusione o semplicemente non volete perdere tempo a fare tutti i calcoli, potete ricorrere a una delle tante app dedicate, per esempio My Valuta, perfetta per sapere immediatamente quanto si sta spendendo in euro.
Altrimenti è sufficiente andare sulla pagina di ricerca di Google, digitare "da sterlina a euro" e come primo risultato uscirà il convertitore automatico.

L'aria di Edimburgo è diversa, lo percepisci subito, trasmette *vibes* spartane, una via di mezzo tra *Galway Girl* di Ed Sheeran e la Hogwarts di Harry Potter. Nonostante l'inverno sia alle porte, per nostra fortuna il clima è ancora decisamente autunnale.

Lasciata Waverley Station, la prima tappa (da raggiungere rigorosamente a piedi) è l'**OLD TOWN**, la parte antica e probabilmente più suggestiva della città, un labirinto di vie ripide e strette dal look ottocentesco. La zona è caratterizzata da palazzi alti, non certo grattacieli ma ugualmente svettanti, perché in passato dovevano superare le mura che cingevano la città.

Ci dirigiamo verso una delle strade più "instagrammabili": **VICTORIA STREET**. È una via in salita (o in discesa, a seconda del senso in cui la percorri!) caratterizzata da una successione di case colorate: rosso, verde, giallo... colori accesi che brillano sotto il cielo scozzese.

Tra i tanti negozi che costellano la via ci imbattiamo in uno davvero particolare, **DIAGON HOUSE**: già dalle vetrine si capisce che è legato al magico mondo di Harry Potter.

L'interno, tanto antico quanto suggestivo, è colmo di obelischi, specchi, bacchette magiche e altri oggetti da collezione: un sogno per i fan del maghetto. E non è un caso che il negozio sorga proprio qui, come conferma il personale: la coreografica Victoria Street è stata d'ispirazione a **JK Rowling** per creare Diagon Alley, la "via dello shopping" dei maghi londinesi, e restituire l'atmosfera che si ritrova nella saga.

Dopo Victoria Street, decidiamo di percorrere il **ROYAL MILE**, la strada che taglia in due il centro e collega i monumenti più importanti, il Castello e il Palazzo di Holyrood, residenza ufficiale della regina d'Inghilterra in terra scozzese. Strada simbolo della città, animata da un'infinità di pub, botteghe e artisti di strada, è lunga 1814,2 metri, quasi 2 chilometri, dove quel "quasi" è molto importante, perché questo numero imperfetto definisce una vera e propria unità di misura, il **miglio scozzese**.

Ed è qui che decidiamo di pranzare. Dove? Direi che la risposta è abbastanza scontata: un classico take away di **FISH & CHIPS**, precisamente ClamShell (148 High Street). D'altra parte, che fai? Vai in UK e non prendi il piatto più popolare della cucina *british*? Tra l'altro al modico costo di 9 sterline, poco meno dell'aereo!

Ormai sono le 15.00 e dalle vetrine del locale notiamo che il sole sta cominciando a tramontare. Nonostante avessimo recuperato un'ora di viaggio grazie al fuso orario, ci rendiamo conto di averne persa una di luce a causa della posizione geografica della capitale scozzese.

Così finiamo in fretta il pranzo, che è diventato quasi una merenda, e ci lanciamo lungo la scalinata che si arrampica su **CALTON HILL**, la collina da cui dicono si goda il panorama più bello della città.

La cosa più sorprendente, quassù, sono i tanti monumenti che ci circondano, a partire dal **NATIONAL MONUMENT**, una specie di tempio eretto (e mai terminato) nella prima metà dell'Ottocento che ricorda il Partenone di Atene.

Invece la cosa più suggestiva è senza dubbio il tramonto, che quassù, con la città ai tuoi piedi, è assolutamente particolare. Anche perché siamo stati fortunati e invece del solito cielo grigio e piovoso abbiamo beccato una giornata soleggiata che ci regala un orizzonte chiaro, arancione, pieno di vita.

Mentre siamo lì che lo contempliamo e respiriamo un'aria così diversa da quella che ci siamo lasciati alle spalle soltanto poche ore fa, Sofia e io abbiamo la stessa idea e decidiamo di mettere una canzone sul telefono per accompagnare questo momento di pace assoluta. Non abbiamo dubbi: optiamo per *Castle on the Hill* di Ed Sheeran, che ci sembra particolarmente azzeccato, visto che anche noi siamo su una collina.

Siamo felici, sorridiamo immersi in un mare arancione.

Finché l'occhio cade sulla collina che si allunga proprio di fronte a noi e che ricorda Table Mountain, la montagna iconica del Sudafrica. Non sappiamo cosa sia, non ne abbiamo mai neppure sentito parlare. Così decidiamo di chiedere a un ragazzo che ci sta passando accanto proprio in quel momento. Col suo forte accento scozzese non solo ci dice il nome, **ARTHUR'S SEAT**, ma ci spiega che come Roma – evidentemente ha capito che siamo italiani – anche Edimburgo sorge su sette colli. E la cosa particolare è che queste colline non sono distanti dalla città ma la circondano, motivo per cui vivi questa assoluta dualità, un momento sei in città, quello dopo sei nel verde in mezzo a un gregge di pecore. Fantastico.

Dopo esserci goduti il tramonto, decidiamo di tornare giù e visitare il resto della città. Sono circa le 16.00 e ci mancano ancora delle tappe importanti, a partire dal **CASTELLO**, una fortezza inaccessibile, ricca di storia e leggende (i racconti sui fantasmi sono all'ordine del giorno, e anche i tour a tema, che noi ci risparmiamo perché sono piuttosto costosi), arroccata su una delle sette colline che dominano la città. Con il buio lo possiamo ammirare illuminato. Davvero suggestivo.

Proprio lì vicino, nella zona di King's Stables Road, ci imbattiamo in un gigantesco negozio di souvenir (**KILTMAKERS**), che vende letteralmente *di tutto*, dalle cartoline alle tazze alle calamite da frigo, che per me sono un *must*, una specie di malattia: se non ne prendo una in ogni posto che visito non torno a casa! Ma la curiosità mi porta anche a indagare sul "tessuto scozzese", forse il più conosciuto al mondo, con il caratteristico disegno a quadri spezzato da righe di vario colore, che anche qui trovi un po' dappertutto, su gonne, sciarpe, cappelli e ovviamente sull'imprescindibile kilt (che, se non fosse costato una fortuna superando di gran lunga il mio budget, mi sarei comprato invece di dovermi accontentare della calamita). Il termine corretto è tartan e il disegno è intrecciato alla sua storia o meglio alla storia del Paese, in quanto i colori e il modo in cui si legano rappresentano i clan delle Highlands scozzesi.

Ore 18.00, o dovrei dire 6 pm? Comunque sia, è il momento della cena.

Lo so, sembra assurdo cenare a quest'ora, vero? Tanto più che abbiamo pranzato tre ore prima. Solo che le cucine dei ristoranti di Edimburgo chiudono presto, quindi per evitare di rimanere a stomaco vuoto decidiamo di adeguarci e ci mettiamo alla ricerca di un locale buono ma *low cost*. Alla fine ci imbattiamo in **HOWIES RESTAURANT**, in Victoria Street. Si tratta di una catena e le catene tendono a essere più economiche, che in fondo è quello che ci interessa.

→

Non è il caso di fare gli schizzinosi. Il senso di questo viaggio (e di questo libro!) è l'opposto: risparmiare, e godere quanto più possibile delle atmosfere di un luogo.

←

Con circa 13 euro ci servono una cena abbondante a base di un piatto che non ho mai mangiato in vita mia ma che era inevitabile assaggiassi, perché quando sono all'estero adoro provare i sapori tradizionali, tipici, anche se questo vuol dire mangiare... budella di pecora! Be', sì, vi presento gli **HAGGIS**, interiora di pecora (cuore, fegato e polmone), macinate con cipolla, avena, spezie e dio solo sa cos'altro. Detto così sembra disgustoso e infatti non è che in un primo momento ne sia molto attratto; tuttavia, come sempre, bisogna sforzarsi di andare oltre le apparenze: testare prima di giudicare.

Risultato: stavolta avrei fatto bene a fermarmi all'apparenza! Sofia se lo spazzola di gusto, a differenza mia che lo mangio solo perché non si butta via nulla e perché lo accompagno con la classica porzione di *fries*, le patatine, che in qualsiasi parte del mondo restano una garanzia.

Sono le 20.00, il ristorante chiude. E mancano dodici ore alla partenza.

Sofia e io ci guardiamo: e adesso? Come riempiamo il tempo?

Nel modo meno razionale del mondo, perfettamente in linea con il tipo di viaggio che abbiamo intrapreso: sulla **RUOTA PANORAMICA** montata tra gli stand di un classico mercatino natalizio.

Ora, per me si tratta di un sogno, o qualcosa di molto simile. La ragione è semplice: non sono mai salito su questo tipo di attrazione. Girando per il mondo ne ho viste parecchie, ma vuoi per il poco tempo a disposizione vuoi per la spesa non le ho mai provate. Ma stavolta abbiamo sia il tempo sia i soldi sufficienti, anche perché costa incredibilmente poco: 10 sterline (contro le 30 del London Eye, per dire). Così saliamo, emozionati come bambini.

Un giro, due giri... stop: la ruota decide di fermarsi. E noi siamo in alto, non so a quanti metri da terra.

Panico.

Già soffro di vertigini, figurarsi lì sopra, su una seggiolina di metallo, sospeso nel vuoto con il vento che accentua il dondolio. No, non è una bella sensazione. Cioè, è proprio orribile, ansia allo stato puro.

Restiamo bloccati una ventina di minuti, ispirando ed espirando a tempo, lentamente. O almeno ci proviamo. Venti minuti che sembrano venti ore.

Problemi tecnici, *it happens*, dice il gestore una volta che rimettiamo i piedi a terra.

Non rispondo. Non ne ho la forza: diciamo che non lo immaginavo così il mio primo giro su una ruota panoramica.

Sono le 22.00 e mancano ancora dieci ore alla partenza. A mano a mano che la folla si dirada, nel mercatino svanisce anche il calore, anzi sta proprio cominciando a fare freddo. Decidiamo di raggiungere l'unico luogo che sapevamo sarebbe rimasto aperto fino a tardi e ci avrebbe permesso non solo di stare al caldo ma anche di divertirci.

Esatto: una discoteca!

Il posto si chiama **CC BLOOMS**, l'ho scoperto in rete ed è proprio come mi aspettavo: luci d'atmosfera, muri di mattoni a vista, arredi moderni e vintage assieme... La sorpresa è l'evento della serata: uno spettacolo di drag queen!

POP-UP

Per scegliere un locale (ristorante, club eccetera) in una città che non ho mai visitato non ci sono segreti (o, almeno, io non ne conosco!), ovvero mi comporto come tutti: faccio una ricerca su Google e poi verifico le recensioni su Tripadvisor. Anche se l'ideale resta il passaparola, ascoltare i consigli di chi vive lì o almeno ci è passato.

Una dopo l'altra salgono sul palco interpretando le popstar più cool del momento, da Lady Gaga a Katy Perry ad Ariana Grande. È uno show travolgente, pieno di talento, gioia e amore! E queste cose le senti, si riflettono nell'atmosfera del locale. Infatti trascorriamo il tempo tra una esibizione e l'altra chiacchierando con gli altri avventori, compresa una stuntwoman, che io non sapevo bene neppure cosa fosse: una persona pagata per compiere salti mortali, cadute, in pratica per rischiare l'osso del collo al posto degli attori. Ascolto a bocca aperta i racconti delle sue acrobazie e i dietro le quinte dei film ai quali ha preso parte e intanto penso a quanto sono fortunato, e a quante cose assurde si imparano durante i viaggi; penso a come sia importante raccontare ed esprimere se stessi, ascoltare e seguire le proprie passioni. Essere unici e diversi in un mondo standardizzato che ci vorrebbe uguali.

Il CC Blooms è un posto felice, dove tutti si amano, e Sofia e io ci rimarremmo per sempre! Peccato che alle 3 chiuda e noi non possiamo far altro che rimetterci lo zainetto sulle spalle e riprendere il viaggio. Che ormai sta volgendo verso l'epilogo.

Siamo stanchi, infreddoliti: è il momento di tornare sul Waverley Bridge e salire sul bus per l'aeroporto, ancora in servizio, prendere posto al secondo piano e salutare con amore questa avventura improvvisata lunga meno di un giorno.

In aeroporto ci buttiamo sulle panchine, dormiamo un paio d'ore e alle 8, esattamente a 24 ore dalla partenza, prendiamo un aereo per tornare in Italia, freschi come una bottiglia di whisky svuotata, diretti proprio nell'aula universitaria dove il viaggio era cominciato.

TAPPE

Visitare l'OLD TOWN,
la parte vecchia della città

Passeggiare per
VICTORIA STREET

Sentirsi Harry Potter
a DIAGON HOUSE

Godersi il panorama da
CALTON HILL e dal CASTELLO

Comprare SOUVENIR
in King Stables Road

Mangiare *haggis* da
HOWIES RESTAURANT

Vivere la notte al
CC BLOOMS

COORDINATE

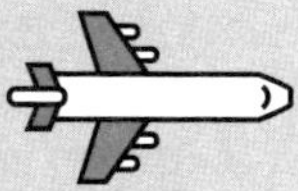

Volo andata:
Bergamo Orio al Serio - Edimburgo

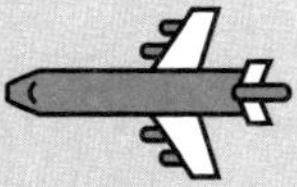

Volo ritorno:
Edimburgo - Bergamo Orio al Serio

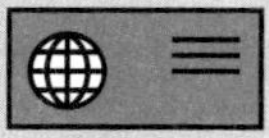

Costo voli:
9,99 euro

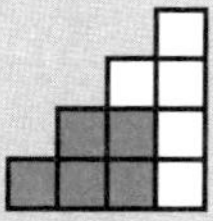

Livello viaggio:
per essere la mia prima volta
ho sofferto, ma in generale è fattibile!

Passi effettuati:
troppi

Lo rifarei:
si

Londra in 24 ore

Eccoci ancora qua con una nuova *mission*, un nuovo viaggio di 24 ore. Destinazione: Londra.

Perché visitare una città così grande in così poco tempo?

Per il motivo opposto a quello che mi ha portato a inaugurare con Edimburgo le mie esperienze di viaggio all'estero in giornata: Londra è immensa, ma a differenza della capitale scozzese l'ho già visitata quando avevo diciotto anni, quindi non ho l'ambizione di vedere "tutto", ma di seguire un itinerario particolare, che comprende alcune tappe un po' insolite, assecondando voglie, curiosità e godendomi tutto quello che la città ha in serbo per me.

Inoltre, sto cominciando ad avere un certo seguito sui social, e qui ci trovi sia chi può permettersi di pianificare viaggi senza date di scadenza né troppe preoccupazioni sia (soprattutto) chi come me può concedersi solo un'esperienza mordi e fuggi. È proprio a quest'ultima tipologia di viaggiatori che decido di rivolgermi, creando un itinerario che regali anche a loro l'ebbrezza di poter dire: "Sono stato a Londra", la gioia di poter uscire dalla bolla e immergersi in un mondo diverso anche solo per poche ore, godendosi il momento **senza troppi pensieri**.

Che è quello che ho fatto io dopo la laurea magistrale.

La mia classica follia: discuto la tesi e, invece di organizzare il solito buffet con amici e parenti, il giorno dopo volo a Londra per festeggiare come merito (e in fondo tutti meritiamo).

Ovviamente l'organizzazione di un viaggio del genere va curata nei minimi **dettagli** e ogni spostamento dev'essere pianificato in anticipo.

→

Non è come per le città medio-piccole tipo Edimburgo: improvvisare in una metropoli da 9 milioni di abitanti non avrebbe senso.

←

Quando dico "curare i minimi dettagli" intendo tutti, compresi quelli che possono sembrare meno importanti. Per esempio, la prima cosa da capire è dove atterrare, dato che Londra è servita da ben sei aeroporti.

Heathrow e London City sono riservati principalmente ai clienti business, che viaggiano con compagnie costose e sono ben lontani dal tipo di esperienza che ho in mente (e che il mio portafogli mi consente). Infatti è ancora una volta lui – il portafogli – a decidere, o quanto meno a condizionare la meta, indirizzandomi su uno dei quattro aeroporti restanti: non Stansted, non Luton, bensì Gatwick, terminal di riferimento per i voli easyJet, per l'andata e Southend per il ritorno, il tutto con una spesa inferiore ai 20 euro.

Come la maggior parte dei viaggi *low cost*, e ancor di più se si viaggia in giornata, si comincia presto.

A parte rare eccezioni, il programma è sempre lo stesso: partire al mattino presto, esplorare a più non posso, trascorrere la serata in qualche locale, infine tornare in aeroporto all'alba per prendere l'aereo e rientrare alla base.

Dopo aver preparato uno zainetto con l'essenziale e aver indossato un paio di comode Nike, mi dirigo in aeroporto.

Sono le 5 del mattino e per strada ritrovo la classica atmosfera pre partenza: quel velo di umidità che ricopre le auto parcheggiate, quel frescolino che non senti perché sei emozionato, quei semafori arancioni che lampeggiano nelle strade vuote e silenziose...

Tutto questo mi conferma che l'avventura sta proprio per cominciare.

Tempo di prendere posto sull'aereo e chiudere gli occhi (anche se faccio sempre fatica a dormire in aereo) e quando li riapro siamo in Inghilterra, a **GATWICK**, un aeroporto così grande che servono almeno 30 minuti per uscire, ovviamente dopo aver superato i controlli.

POP-UP

A proposito di controlli, ricordatevi che l'Inghilterra non fa più parte dell'Unione Europea, perciò per entrare nel Paese non basta mostrare la carta d'identità ma serve il passaporto!

Il modo migliore per raggiungere Londra quando si ha così poco tempo è il **THAMESLINK**, il treno che in meno di un'ora mi conduce alla prima tappa: il **ST. PANCRAS RENAISSANCE HOTEL**, a pochi passi dalla stazione di London St. Pancras, un maestoso hotel a 5 stelle dove ovviamente non alloggerò ma che vale la pena visitare per l'architettura e gli interni, che riprendono (in modo sfarzoso) quelli della stazione. Fatto non trascurabile, questo albergo è stato anche la *location* del famosissimo video di *Wannabe* delle Spice Girls.

A poche centinaia di metri dall'hotel si trova l'altrettanto celebre **STAZIONE DI KING'S CROSS**, quella di Harry Potter per intenderci, dove si può ammirare l'affollatissimo binario 9 e ¾. Non ho molto tempo, la fila dura almeno 45 minuti, e 45 minuti in un viaggio come il mio fanno davvero la differenza, così seppur a malincuore rinuncio a vederlo. Ma mentre tento di lasciare la stazione... sorpresa! Finisco in un tunnel arcobaleno (**KING'S CROSS TUNNEL**), pieno di luci al led che cambiano colore di continuo. Un posto molto instagrammabile oltre che veramente insolito. Una specie di opera di design in cui si può camminare, che, scopro più tardi, collega la stazione di King's Cross a quella di St. Pancras.

Segno che anche quando la tua pianificazione del viaggio è rigorosa è sempre bello restare con gli occhi sgranati, pronto a lasciarti stupire.

Con questo spirito, raggiungo un altro posto insolito: una barca che non è una barca qualunque, ma una barca-libreria. Si trova sempre nella zona di King's Cross, è ormeggiata sul Regent's Canal e si chiama **WORD ON THE WATER**. È un luogo fuori del comune, che trabocca di libri di ogni genere, dai romanzi ai saggi alla poesia. In questa libreria (ma in fondo in questa città) tutto è stravagante, dai proprietari all'arredamento che fa capolino tra un volume e l'altro: macchine per scrivere, strumenti musicali, stufe a legna... E, sul tetto, un piccolo palco sul quale si alternano musica live, presentazioni di libri e performance di ogni tipo.

Da King's Cross, prendo la metro. Già, la famosa e ahinoi costosissima **TUBE** di Londra. Un biglietto arriva a costare anche 6 sterline (dipende dalla zona), perciò il mio consiglio è, potendo, muoversi a piedi (così si fa esercizio, che non guasta mai!) oppure, se la distanza è eccessiva (Londra è im-men-sa!) o non si ha tempo, noleggiare una bicicletta.

Certo, il meteo qui non è dei migliori, in più bisogna guidare al contrario rispetto a come siamo abituati (aiuto!), però ne vale davvero la pena, specie se come me si è innamorati della *gypsy life*. Ma se anche la bici è un problema... ci sta spendere circa 20 sterline per un biglietto giornaliero della metro. È quello che faccio io, che a Londra resto un giorno appena e 20 euro li investo volentieri per potermi spostare a più non posso: in fin dei conti, sto festeggiando la mia laurea o no?

Una volta sceso dalla metro, mi dirigo verso **TOWER BRIDGE** e m'imbatto nel **COPPA CLUB**, uno dei ristoranti più originali che abbia mai visto, con delle specie di igloo o, appunto, coppe di vetro dentro cui mangiare godendo della vista sul magico ponte.

Nei paraggi (1 St Katharine's Way) c'è anche **GIRL WITH A DOLPHIN**, una grande fontana circolare con al centro la scultura di una ragazza che sembra danzare con un delfino, realizzata dall'artista inglese David Wynne; è fatta così bene che sembra viva, come se da un momento all'altro la ragazza e il delfino potessero cominciare a ballare per davvero.

Dopodiché procedo a piedi verso la **CATTEDRALE DI SAINT PAUL**, la prima cattedrale protestante al mondo e *location* di alcuni dei momenti più toccanti (e mondani) della storia inglese (come il matrimonio reale tra Carlo e Diana): se non volete pagare i circa 20 euro necessari alla visita tradizionale basta attraversare la strada, prendere l'ascensore e salire sul tetto del centro commerciale **ONE NEW CHANGE**: dalla sua terrazza si gode un panorama spettacolare, a partire proprio dalla cupola gigante della cattedrale (seconda sola a San Pietro).

Alle 16.00 decido di prendere qualcosa d'asporto da **SHAKE SHACK**, una catena di fast food che non si trova in Italia e che ho scoperto casualmente a New York: mi aveva conquistato al punto che volevo assolutamente tornarci. Vedo che ce n'è uno proprio vicino a Covent Garden (24 Market Building, The Piazza), così da Saint Paul posso fare ancora circa mezz'oretta a piedi per immergermi nella vita londinese.

La tappa successiva è quindi Covent Garden, ma neanche a farlo apposta per arrivarci mi imbatto in un altro posto insolito (del resto sono a Londra: nulla è come ti aspetti), che non ho mai visto neppure in foto. È nuovo? Non lo so, di sicuro mi stupisce. Si chiama **LONG ACRE** e credo ospiti un'installazione temporanea, una sorta di passerella formata da archi con lampadine colorate, una *location* molto *cute*, perfetta per fare foto oltre che per immergermi ancora una volta nella luce e nei colori, che (dopo King's Cross) stanno diventando il tema di questo viaggio.

Attraversato il tunnel, mi ritrovo nel cuore di **COVENT GARDEN**, una zona super caratteristica, senza dubbio una delle più vivaci della città. Sorta dove un tempo c'era il giardino di un convento (come si può dedurre dal nome, ma io me ne rendo conto solo adesso!) è un'area da visitare a ogni ora del giorno e della notte, per le boutique e il suo spettacolare mercato coperto, per la miriade di ristoranti e caffetterie, per i teatri (per esempio la Royal Opera House, uno dei teatri d'opera più rinomati a livello mondiale) e i suoi artisti di strada, che occupano la piazza centrale lasciando a bocca aperta i passanti, me per primo.

Dopo Covent Garden mi dirigo alla **NATIONAL GALLERY**: finalmente un po' (si fa per dire: oltre 2300 quadri, che coprono un periodo che va dal 1200 all'inizio del Novecento!) di **arte gratuita**!

Ore 19.00: la mia prossima tappa è il quartiere cinese, perché senza vedere una **CHINATOWN** in ogni metropoli in cui vado non torno a casa. Perdersi tra le sue vie incasinate, piene di suoni e scritte incomprensibili mi rende felice come se mi trovassi in un altro continente. E farlo di sera, con le luci colorate e le lanterne accese, crea davvero un effetto wow.

POP-UP

La National Gallery non è l'unico museo gratis di Londra, ce ne sono diversi: il British Museum, il più antico d'Inghilterra, un vero e proprio viaggio nella storia artistica e culturale dell'umanità, il Museum of London, che racconta lo sviluppo della città dalla preistoria ai giorni nostri, il Natural History Museum che, come dice il nome, è il museo di storia naturale, il Victoria and Albert Museum, dedicato alle arti minori ma anche alla pittura e alla scultura, l'incredibile Science Museum, dedicato alla scienza... Vi consiglio di monitorare le pagine dei loro siti: resterete sempre aggiornati sulle date delle *temporary exhibitions* e potrete cogliere al volo le occasioni migliori per visitarle a un prezzo ridotto!

Tuttavia il tempo corre veloce e mi rendo conto che è il momento di raggiungere la prossima tappa, una delle più ambite della città, tanto che ho dovuto prenotare in anticipo per via del booking affollatissimo. Così alle 20.00 raggiungo il quartiere di MayFair (precisamente il 9 di Conduit Street), pronto a vivere una nuova esperienza, completamente fuori del comune.

Il posto si chiama **SKETCH LONDON** ed è un ristorante, una boutique, una galleria d'arte, una navicella spaziale... non so come definirlo, quindi proverò a descriverlo (anche se è talmente incredibile che non sarà facile!).

Entro da una porta gigante, con tutto intorno una parete blu che ricorda il colore dei pavoni. Dopodiché mi ritrovo in un enorme salone tutto rosa: poltrone rosa, muri rosa, soffitto rosa... così pazzescamente rosa che vorrei essere in una puntata di *4 Ristoranti* per dare 10 al design, alla *location*, al servizio... a tutto!

Ma non finisce qui, perché, coerentemente con la stravaganza del posto, anche i bagni fanno la loro parte. In realtà, più che bagni sono delle specie di uova giganti nelle quali entri come se stessi entrando in una capsula spaziale, sotto un soffitto di vetri colorati che sembra un quadro Bauhaus, il tutto accompagnato da un sottofondo di musica classica e dal profumo di lavanda. È così difficile da descrivere che mi domando come sia stato anche solo possibile immaginarlo!

Dopo aver cenato (si fa per dire: per non rimanere a lavare i piatti a vita nelle cucine del ristorante stellato mi sono accontentato di un tè con i biscotti, che è comunque molto *british*), mi dirigo nel cuore di Londra, a **PICCADILLY CIRCUS**, la Times Square del Regno Unito: vederla di sera, con le grandi insegne luminose che colorano l'oscurità, la rende ancora più impressionante.

La differenza tra Londra e le altre città inglesi è che, come NYC, qui non si dorme mai, quindi c'è sempre gente in giro e anche di notte si trova sempre qualcosa da fare.

Per esempio, nel quartiere di **SOHO**, vicino a Piccadilly, ci sono così tanti locali che è impossibile sceglierne (e consigliarne) uno: Village Soho, Circa Soho, She Soho, Heaven, the Box... ognuno ha la sua identità, e un motivo per farci almeno una scappata.

Nel mio caso, un ultimo brindisi prima di tornare a casa.

Southend, da dove alle 5:55 parte il mio volo di ritorno, è uno degli aeroporti più lontani dal centro di Londra. E in fondo mi va bene perché significa che posso dormire per circa due ore nel treno per raggiungerlo. È vero, potrebbero derubarmi di tutto, ma in questo momento non m'importa: mi accascio letteralmente sul sedile e a svegliarmi ci penserà il controllore una volta arrivati al capolinea!

TAPPE

Sognare di dormire al
ST. PANCRAS RENAISSANCE HOTEL

Alla ricerca del binario 9 e ¾ alla
STAZIONE DI KING'S CROSS

Immergersi nell'arcobaleno
del KING'S CROSS TUNNEL

Navigare tra i libri della
WORD ON THE WATER

Ritrovarsi dentro una cartolina
sul TOWER BRIDGE

Ammirare la CATTEDRALE
DI SAINT PAUL

Sentirsi davvero a Londra
a COVENT GARDEN

Rifarsi gli occhi alla
NATIONAL GALLERY

Being pink allo
SKETCH LONDON

Circondarsi delle luci
di PICCADILLY CIRCUS

Vivere la notte a SOHO

COORDINATE

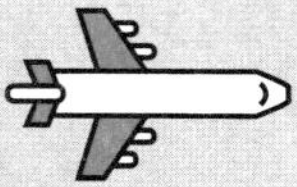

Volo andata:
Bergamo Orio al Serio - Gatwick

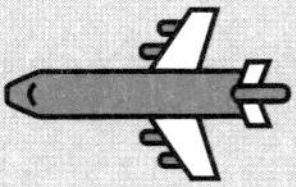

Volo ritorno:
Southend - Bergamo Orio al Serio

Costo voli:
19,90 euro

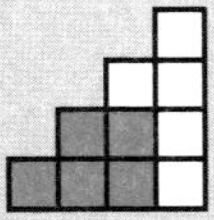

Livello viaggio:
intensamente intenso

Passi effettuati:
ho i glutei sodi

Lo rifarei:
yes!

Manchester in 24 ore

L'itinerario che vi propongo l'ho ideato e personalmente sperimentato nel dicembre 2019 ed è coinciso con il mio ultimo viaggio di 24 ore prima della pandemia.

Se avessi saputo in anticipo tutto quel che sarebbe capitato – che cioè di lì a tre mesi non saremmo più potuti uscire di casa – avrei usato il tempo restante per fare più viaggi di questo tipo, e probabilmente avrei finito per visitare 20 città in 20 giorni!

Invece ho dovuto accontentarmi di ripercorrere questa tappa con la mente durante il *lockdown*, ma ne è comunque valsa la pena.

A proposito, perché proprio Manchester?

Per lo stesso motivo per cui ho visitato Edimburgo l'anno prima. Perché è una realtà piccola (ha poco più di mezzo milione di abitanti) e può essere visitata a "ritmi Arena", cioè folli ma comunque godibili, senza dilapidare una fortuna, visto che è una città operaia, una delle più economiche del Regno Unito.

Insomma, la meta ideale per una visita breve (ma intensa) e per aggiornare la mia lista di città visitate, prendendomi la soddisfazione di aggiungere l'ennesimo timbro sul mio passaporto virtuale di viaggiatore e dire: "Ok, mi mancano ancora 340 città da vedere prima di morire, ce la posso fare".

→

Il che non significa viaggiare per il gusto di compilare una lista, ma per la consapevolezza che più vedi e più impari, più sperimenti e più ricco e libero diventi.

←

E meno tempo perdi in attesa, ad aspettare cioè che qualcosa (ma cosa, poi?) accada.

Comunque, torniamo al viaggio.

Una volta che io e la mia amica Miriam atterriamo al Manchester Airport, saliamo sul **TRANSPENNINE EXPRESS**, un treno che con sole 3 sterline ci porta alla stazione di Piccadilly. Cosa che ovviamente mi manda subito in confusione, dato che per me Piccadilly esiste solo a Londra. E invece no, a quanto pare c'è anche qui (e chissà dove altro). Ma a differenza di Londra, per raggiungerla dall'aeroporto non ci si mettono ore ma pochi minuti, dato che la distanza è nettamente minore (14 chilometri, pari a circa 20 minuti di treno).

Altra nota positiva di Manchester (e in generale delle città medio-piccole) è che non c'è bisogno di prendere mezzi per visitarle: bastano i troppo spesso bistrattati piedi, che consentono non solo di risparmiare, ma anche di muoverti a un ritmo tuo, che nessuno può forzare né rallentare, e che soprattutto ti dà la possibilità di posare gli occhi su dettagli che altrimenti non coglieresti.

Ore 12.00: inizia l'esplorazione, insolitamente tardi per un viaggio del genere.

È dicembre perciò fa freddo, c'è tanto vento e i capelli che avevo sistemato per fare una foto decente di fronte alla classica cabina telefonica rossa (che ormai serve quasi solo a quello, e non più a telefonare) sono diventati un nido di rondini.

L'avventura comincia da... **CHINATOWN**!

Dovete sapere che la Chinatown di Manchester, nata nella prima metà del Novecento ed esplosa intorno agli anni Settanta, è una delle più grandi d'Europa e non posso certo lasciarmela sfuggire! Sorge proprio accanto a Piccadilly e non puoi non notarla, anche grazie all'imponente arco colorato e decorato con draghi e fenici benauguranti, collocato proprio all'ingresso, in Faulkner Street.

Suoni, colori, odori... camminando per queste strade in fermento sembra proprio di stare in Asia. Un piccolo pezzo di Cina nel Regno Unito. Due Paesi con un viaggio solo, praticamente.

Anche per questo, perché dopotutto siamo in UK e la Cina resta una divagazione, io e Miriam non restiamo lì a mangiare (nonostante la mia passione per i cibi esotici), ma ci mettiamo alla ricerca di qualcosa di più tradizionale, più *british*, e ci immergiamo nelle centralissime **KING STREET** e **CROSS STREET**.

In realtà andiamo a colpo sicuro: per bere la birra più economica della città (2 sterline a pinta) e mangiare un dignitoso *fish and chips* (9 sterline) c'è uno degli edifici più antichi e caratteristici, a pochi passi dalla cattedrale, il **SINCLAIR'S OYSTER BAR**. Curiosità: al suo interno è rigorosamente vietato l'uso dei cellulari, non ci sono televisori né musica diffusa. Una scelta controversa visto il periodo storico in cui viviamo, ma apprezzabile: ideale per fare un po' di digital detox e dare spazio alle conversazioni reali. Distribuito su più piani e arredato secondo il tipico stile inglese, rigorosamente in legno, è il luogo perfetto per immergersi in una atmosfera *old fashioned*.

Ore 17.00: il sole comincia a calare, il cielo diventa blu notte e come da tradizione è il momento di visitare posti al chiuso, come la **JOHN RYLANDS LIBRARY**, con la sua imponente architettura in mattoni che non può non darti l'impressione di essere in un film di Harry Potter (come spesso capita a queste latitudini!). È una biblioteca immensa, aperta al pubblico gratuitamente (yuppi!), sette giorni su sette.

Ci resto un'ora buona, nonostante sia visitabile in 15 minuti. Il fatto è che ci sono dettagli che ti rapiscono, che resti immobile a fissare scordandoti di tutto il resto, soprattutto del tempo che vola. In questa "cattedrale della cultura" c'è chi rimane colpito da un quadro, chi da un paesaggio e chi come me da un manoscritto impolverato, da una stampa antica o dalle architetture della "sala monumentale": l'importante è trovare il proprio spazio, anche mentale. E che quello spazio rimanga, si fissi nei ricordi.

Ore 18.00: mentre il cielo si fa sempre più scuro, la città comincia a illuminarsi. D'altra parte siamo sotto Natale ed è inevitabile che le lucine brillino in ogni angolo del centro.

Dopo una "tappa food-porn" da Dunkin' Donuts ci spostiamo nel mondo del vintage, nel quartiere alternativo di Manchester: **NORTHERN QUARTER**.

Qui il rischio di spendere una fortuna è veramente elevato: ci sono così tanti negozi e negozietti che l'eventualità di finire i soldi della vacanza prima ancora di cominciarla è altissima (per fortuna io che non resto neppure 24 ore e non ho nemmeno una valigia per portare a casa i miei acquisti non corro il rischio, e mi limito a guardare e fantasticare). Ma scordatevi i grandi marchi: questo è il regno del *second hand*, dei prodotti di seconda mano, di oggetti insoliti e di modernariato, dai vinili ai vestiti, passando per poster, oggetti per la casa e via dicendo.

Il tutto su uno sfondo di murales, che ricoprono praticamente ogni muro, con il disegno di un'ape, simbolo della città, ad accompagnare ogni tuo passo.

Pensando alla cena, la nota negativa del mondo anglosassone è sempre che i ristoranti chiudono veramente molto presto, quindi sei letteralmente costretto a mangiare alle 19.00, e per me che sono calabrese e in genere non mi metto a tavola prima delle 22.00 è un po' come fare merenda.

Stavolta la scelta cade su Pizza Hut.

Lo so, lo so, un italiano non dovrebbe mai prendere la pizza all'estero. Ma vi rivelo un segreto: Pizza Hut mette così tanto olio sulla sua pizza che automaticamente la pizza diventa buona. Ovvio, non stai mangiando una bufalina affacciato sul golfo di Napoli, ma nemmeno cartapesta.

Lo dico sempre: mangi olio con pizza. Tutto sommato non male, anche se costa parecchio: 15 sterline, roba che a Napoli te ne prendi tre di pizze (ma di quelle vere, che solo a pensarci...).

Dopo aver mandato giù il nostro olio con pizza ci spostiamo al **GAY VILLAGE** di **CANAL STREET**, uno dei quartieri più gioiosi e affollati di Manchester, nonché la nostra "sala d'attesa" prima della partenza.

La differenza con Edimburgo è che non trascorriamo la serata in un unico locale, ma facciamo una specie di tour, entrando e uscendo da cinque posti diversi ma tutti ugualmente colorati e chiassosi (No 1 Canal Street, Bar Pop, Polari, Tribeca). Possiamo farlo perché in Inghilterra si entra gratis nei club e nelle discoteche: paghi solo quello che bevi. E almeno la seconda birra della giornata è un piacere che posso permettermi senza troppe preoccupazioni! Dentro e fuori dai locali l'atmosfera è da film, si incontrano personaggi eclettici e stravaganti, che rispecchiano la gioiosità del quartiere. Mi sento letteralmente in un episodio di *Queer as Folk*: arcobaleni, spettacoli, chiacchiere e risate con sconosciuti... veramente un posto dalle vibrazioni positive.

Purtroppo la missione di 24 ore sta per terminare.

Ma c'è ancora una cosa che mi manca da spuntare dalla lista dei *to do*: il **MURALES DEDICATO AD ARIANA GRANDE** realizzato dall'artista Akse. La storia è (tristemente) famosa: nel 2017, proprio qui a Manchester, durante un concerto della cantautrice statunitense c'è stato un attacco terroristico che è costato la vita a ventidue persone.

Ariana Grande è rimasta così colpita che ha deciso di organizzare un altro concerto per raccogliere fondi da destinare alla famiglie delle vittime. E questa piccola opera d'arte che si trova proprio nelle vicinanze del gay village, all'incrocio tra Chorlton Street e Aytoun Street, rende onore a lei e lancia un messaggio di speranza a chi la osserva.

Come me, che mi sono messo a cercarla alle 3 del mattino, prima di tornare, fresco come una rosa, in aeroporto.

TAPPE

- Sentirsi in un altro continente percorrendo le vie di CHINATOWN
- Passeggiare per KING E CROSS STREET
- Godersi una pinta di birra e un po' di digital detox da SINCLAIR'S OYSTER BAR
- Perdersi tra i libri e le architetture della JOHN RYLANDS LIBRARY
- Scoprire la città alternativa a NORTHERN QUARTER
- Tuffarsi nell'energia e nei colori del GAY VILLAGE
- Ammirare il MURALES dedicato ad ARIANA GRANDE

COORDINATE

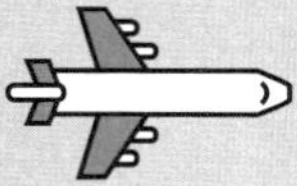

Volo andata:
Bergamo Orio al Serio – Manchester

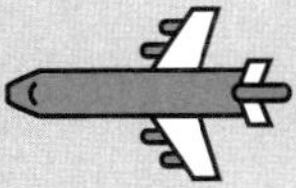

Volo ritorno:
Manchester – Bergamo Orio al Serio

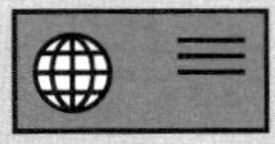

Costo voli:
34 euro

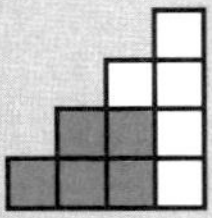

Livello viaggio:
il meno faticoso tra quelli di 24 ore

Passi effettuati:
appena 25.345

Lo rifarei:
una volta basta e avanza

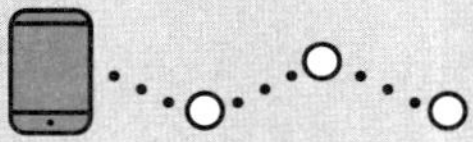

PLAYLIST

Run Boy Run – Woodkid

One Last Time – Ariana Grande

Runnin' – Adam Lambert

This is Life – Amy Macdonald

Mamma mia! – Abba

Shake it Off – Taylor Swift

Wake Me Up – Avicii

My Tears Are Becoming A Sea – M83

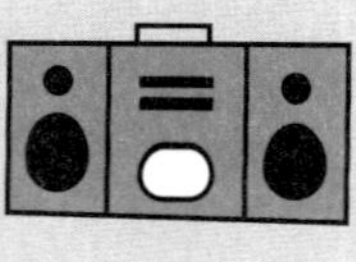

Are You Bored Yet? – Wallows

CHECK-LIST

- zainetto non troppo ingombrante
- snack confezionati per evitare di comprarli in aereo o all'estero
- borraccia da riempire alle fontanelle (presenti in alcuni aeroporti), nei bagni e ovunque sia possibile
- spazzolino, dentifricio e deodorante mini
- salviettine umidificate per rinfrescarsi
- un pratico cambio di vestiti di emergenza
- un k-way in caso di pioggia
- caricabatterie del cellulare
- abbigliamento comodo e scarpe... da maratona!

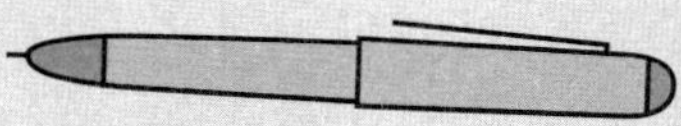

Budget

Cose che non so
(appunti e scarabocchi)

3

VIAGGIARE DALL'ALTRA PARTE DEL MONDO

In genere siamo portati a pensare che *low cost* sia sinonimo di velocità, di una toccata e fuga, meglio se non troppo lontano da casa. In parte è vero. Per lo più le offerte riguardano luoghi vicini nel tempo e nello spazio. E c'è da dire che velocità e vicinanza hanno anche aspetti positivi.

→

Ma questo non significa che per andare in un posto lontano bisogna per forza dissanguarsi.

←

Certo, c'è il costo del biglietto, ma se sapete come organizzarvi, credetemi: resterete piacevolmente stupiti da quanto poco spenderete e rischierete anche quasi di sentirvi in colpa!

Bali (e un po' di Indonesia)

Se quello di 24 ore a Londra è stato un colpo di testa post discussione della tesi, questo viaggio è stato più o meno esplicitamente richiesto come regalo di laurea.

Ormai i miei amici mi conoscono. Sanno che non mi interessano i classici oggetti celebrativi o i doni che solitamente si fanno in questi casi: "Regalatemi biglietti aerei, non voglio altro. Se volete farmi contento, non cercate di stupirmi. Vanno bene anche biglietti da 9,99, non sono mica esigente...".

Così si sono messi d'accordo e senza che io sospettassi niente... *boom*, ecco il mio biglietto per **Bali**!

Ma il biglietto è stato solo l'inizio, il primo step. Al resto avrei dovuto pensare io.

E due settimane dall'altra parte del mondo non sono

una cosa da poco da organizzare: bisogna pensare al bagaglio, al budget, ai permessi, alla sistemazione, agli spostamenti... Insomma, un lavorone!

Finché, finalmente, si parte. Ad accompagnarmi nell'avventura il mio amico di vecchia data Matteo.

Come sempre, prima di un viaggio provo **mille emozioni**.

Stavolta, però, una è più forte di tutte le altre: l'ansia!

D'altronde non ho mai fatto un volo così lungo, ben **21 ore**: le prime tre verso la Turchia, poi scalo, imbarco su un nuovo aereo e rotta verso l'aeroporto di Denpasar, capoluogo amministrativo dell'isola di Bali.

Viaggio con **TURKISH AIRLINES**, una delle compagnie migliori al mondo, soprattutto per quanto riguarda il rapporto costo/durata del viaggio.

Probabilmente una delle domande che tutti i viaggiatori alle prime armi si fanno quando devono affrontare un'esperienza del genere è: "Cosa faccio per così tante ore?".

Contrariamente a quanto si possa pensare, vi assicuro che i voli di lungo raggio sono una delle esperienze più superlative che esistano: sei letteralmente fuori dal mondo, in cielo, rinchiuso in una specie di casa volante insieme ad altre duecento persone... Se questo non è un episodio di *Black Mirror*...

Ma oltre a girarsi i pollici, come impiegare tutto quel tempo? La scelta è scontata e ricade su quel favoloso mondo che si chiama *entertainment*, nella fattispecie un piccolo schermo attaccato al sedile con cui puoi fare tantissime cose: guardare un film (la scelta è davvero ampia), ascoltare musica, giocare ai videogame... Insomma il tempo *vola*.

E poi, il cibo. Ti coccolano tantissimo, passano ogni secondo a portarti qualcosa da mangiare. È fantastico, sembra di stare a un matrimonio in Meridione. E in più le compagnie oggigiorno adattano i loro menù per venire incontro alle esigenze dei viaggiatori.

Giorno 1, si comincia.

Dopo un viaggio così lungo, lascio quasi a malincuore la "casa volante" e mi preparo per la nuova avventura, la mia prima volta in Asia.

Sono entusiasta alla sola idea: qui sì che posso toccare le vette di quella diversità che ho sempre cercato. E che mi è subito evidente, appena metto piede giù dalla scaletta dell'aereo: un profumo d'incenso mi invade le narici.

Di che si tratta? Perché è così forte? È normale?

Più andiamo avanti più l'odore si fa intenso. Si sente all'interno dell'aeroporto, aleggia nell'area riservata al ritiro dei bagagli... È così denso che me lo sento addosso, anzi: mi sento un bastoncino di incenso vivente!

POP-UP

Sulle tratte aeree lunghe ci sono menù di tutti i tipi, per vegetariani, per bambini, per chi soffre di intolleranze, menu degni di un ristorante oppure menu imbarazzanti, a base di semplici panini... Il mio consiglio è: informatevi! Controllate in anticipo i menu proposti sul sito della compagnia aerea e, soprattutto, andatevi a leggere le recensioni. Solo così potrete decidere, in caso, se portarvi a bordo qualche snack di emergenza!

Soltanto nei giorni seguenti capisco che questo aroma fa parte del luogo, che in Indonesia la **spiritualità** è un aspetto così importante da riempire anche l'aria.

A questo punto, se come me e Matteo atterrate di sera non c'è molto da fare: superati i controlli, si va dritti in hotel.

Come?

Con il **TAXI** che ci dovrebbe scorrazzare in giro per tutta la vacanza.

Direte: "Accipicchia, un taxi a tua disposizione per due settimane? Altro che viaggio a 9,99...".

Il punto è che a Bali non hai molta scelta, i mezzi pubblici praticamente non esistono, e per spostarsi restano due opzioni: o noleggi un mezzo (motorino/macchina) oppure affitti un taxi, anche se sarebbe più giusto dire "affitti un tassista", uno del luogo che accetta di esserti "fedele" per tutto il tempo che rimani sull'isola e ti guida in ogni suo anfratto. Che è un'esperienza top perché non c'è niente di meglio di un *local* che ti racconta com'è vivere davvero in un Paese tanto diverso dal tuo.

E se rimani un po' di tempo riesci a ridurre drasticamente i costi, proprio come quando acquisti all'ingrosso: più compri e più i prezzi scendono, più giorni stai a Bali, meno spendi. Altrimenti non l'avrei mai fatto, mi conoscete (anche se sarebbe stato un problema, dato che non guido, cioè ho la patente ma preferisco non mettere a rischio me stesso, chi mi sta accanto e chiunque si trovi sulla mia strada, al punto che ormai i miei amici mi considerano un "passeggero professionista").

L'avventura con il tassista balinese inizia subito fuori dall'aeroporto.

Il suo nome è Wira, ha ventinove anni, ama il suo lavoro e soprattutto ama gli italiani (o me l'ha detto soltanto perché sono italiano?!).

Ci aspetta davanti all'uscita con in mano un cartellone con su scritto: WELCOME TO BALI MR ARENA, che è una cosa che finora avevo visto solo nei film. Lo ammetto, mi sento una star!

POP-UP

Prima di tutto, come si fa a trovare un autista per il periodo delle vacanza? Il mio consiglio è iscriversi al gruppo Facebook "Italiani a Bali" e lasciare un commento con la richiesta: resterete sorpresi da quante persone vi risponderanno!
Così come vi sorprenderà il costo: il prezzo a giornata è di circa 25 euro (anche se varia a seconda della distanza da percorrere), davvero niente. Specie se trovate un autista come il mio, un Giovanni indonesiano che ama viaggiare almeno quanto i viaggiatori che accompagna.

Il primo accompagnamento è gratuito perché l'aeroporto è molto vicino alla zona in cui soggiorneremo, **KUTA**, che è in pratica l'Ibiza d'Oriente. Con lo stesso spirito con cui gli italiani vanno a Ibiza, gli australiani vengono qui a far festa e a surfare (in effetti il mare sembra pazzesco).

Di sera non c'è molto da visitare, perciò andiamo direttamente nel nostro hotel con piscina.

Ora, direte: "Ah be', Giovanni, ti tratti bene...".

Sì, ma solo perché qui trattarsi bene e spendere poco vanno d'accordo.

POP-UP

Per darvi un'idea: una rupia indonesiana è pari a 0,000058 euro. Centomila rupie corrispondono a poco più di 5 euro. Uscirete pazzi a fare le conversioni, ma sarà molto divertente nel momento in cui dovrete pagare l'entrata in un tempio 17.000 rupie, che vi sembreranno chissà che cifra, quando in realtà starete pagando soltanto 1 euro.

Dimenticatevi i prezzi italiani, quaggiù le strutture alberghiere hanno costi completamente diversi. "Completamente" in che senso? Ecco: il Permata Kuta Hotel, 4 stelle con piscina, costa 8 euro a notte. Ripeto: 8 euro a notte. Altro che *rich life*...

Le stanze sono ok, l'arredamento è in stile orientale, con quadri indonesiani, odore di incenso e tendine alle finestre per proteggersi dalle falene, che a quanto pare a Bali imperversano.

L'unico problema sono... io. O lui, il mio amico jet lag. Che a quanto pare si è sdraiato accanto a me proprio ora che dovrei dormire.

JET LAG NON TI TEMO!

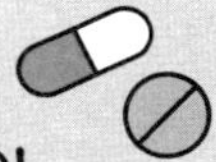

Su come limitare gli effetti del jet lag se ne sentono tante, dal bere tanta acqua durante il volo (un corpo disidratato è un corpo che fa più fatica a adattarsi e a reggere lo stress del cambio di fuso orario) all'uso di valeriana, melatonina e via dicendo. Per me l'unico *trick* veramente efficace è trovare gli incastri giusti tra orari del volo e fuso orario del Paese in cui sto andando.

Per esempio, quando sono andato a New York (6 ore di fuso) sono partito verso le 4 del pomeriggio e, dopo 9 ore di volo, sono atterrato alle 7 di sera senza dormire sull'aereo (altrimenti, addio sonno: mi sarei fregato con le mie stesse mani). A quel punto ho tenuto duro fino all'arrivo del buio e finalmente (dopo tipo venti ore che ero sveglio!) sono caduto in un sonno profondo. E quando mi sono svegliato, la mattina dopo, ero fresco come una rosa (o quasi)! Quindi questo è il segreto, l'incastro giusto tra l'ora della partenza e quella dell'arrivo tenendo presente il fuso orario della nostra meta.

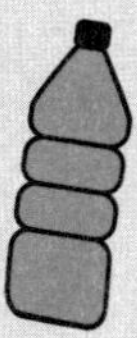

E se non è possibile ricorrere a questo trucchetto... va bene lo stesso: la bellezza del viaggio sta nel farsi sorprendere (anche da come il corpo e la mente sanno reagire agli scombussolamenti)!

Inutile accanirsi: piuttosto che fare la guerra con le lenzuola meglio sfruttare il tempo a disposizione.

Come?

Cercando su Google i posti da visitare.

Già, stavolta non mi sono preparato in anticipo.

Mi sono limitato a contattare Wira, affidandomi completamente a lui, alla sua professionalità e alla sua conoscenza del luogo. Certo, ho visto qualche foto e letto qualcosa, diciamo che ho individuato le tappe fondamentali, "quelle dove devi proprio andare", ma per il resto... Non per pigrizia, intendiamoci, ma per scelta.

→

È un viaggio talmente incredibile che voglio viverlo senza pregiudizi, immergendomi nella cultura locale, senza che nessuno mi dica "fai questo o quello". Voglio vivere un film privo di spoiler, voglio chiudere gli occhi e lasciare che la musica mi porti lontano.

←

Dopo aver dormito meno di un'ora, è mattina ed è il momento di cominciare ufficialmente questo viaggio. E quale modo migliore che la **COLAZIONE**? Momento importante in tutto il mondo, figuratevi per un italiano che, potendo, non rinuncerebbe mai alla sua combo caffè e cornetto.

Solo che siamo dall'altra parte del pianeta e – per fortuna – la diversità è la regola in ogni aspetto, anche in questo.

Entrati nella sala ristorante, l'odore di incenso è sostituito da quello di pollo e anacardi. Alle 7 del mattino!

Oddio.

Fortunatamente ci sono anche papaya, mango e banane, che almeno in questa prima colazione sono la mia salvezza. Perché è vero che a me piace "relativizzarmi", cioè quando sono all'estero desidero vivere come la gente del posto, mangiare *baklava* se sono in Turchia, *fish and chips* in Inghilterra ed *escargots* in Francia, però... ok, per il pollo con gli anacardi a colazione mi do ancora qualche giorno di tempo!

Terminata la colazione, comincia il nostro giro a piedi per Kuta.

La prima cosa che noto per strada, sulle statue, persino sui cruscotti delle auto sono dei piccoli cestini fatti con foglie di palma, colmi di fiori gialli, rosa e verdi. Sono ovunque, almeno quanto il profumo d'incenso. Ma non sono semplici decorazioni né festoni tipo quelli che si usano da noi durante le feste paesane: si tratta dei **CANANG SARI**, creazioni simboliche offerte alle divinità.

POP-UP

Se il pollo con gli anacardi per colazione vi sembra ancora poco, a Bali dovreste assaggiare il *kopi luwak*, anche detto "caffè defecato" (avete letto bene, non è un refuso, non volevo scrivere "decaffeinato": intendevo proprio uscito da lì...).

Il meccanismo è semplice: ci sono questi animali, gli zibetti delle palme, che si nutrono prevalentemente di bacche di caffè, che digeriscono solo in parte.

Ciò che non digeriscono (la parte interna della bacca, cioè i chicchi veri e propri) lo espellono.

E proprio questi chicchi, presenti nelle feci, pare che siano perfetti per la produzione di una bevanda pregiata e super costosa.

Quanto alla bontà... chi mi conosce sa che la mia unica fissa è l'espresso, che all'estero non è mai buono come in Italia, normale o defecato che sia.

Un'ultima raccomandazione: informatevi sempre su quel che mangiate e bevete.

Anche nel caso di questo caffè, c'è chi lo produce in modo corretto, etico (come nel posto in cui l'ho bevuto) e chi invece sfrutta gli animali, rinchiudendoli in gabbie minuscole, fregandosene delle condizioni igieniche e del benessere di queste povere bestiole.

Con questi cestini i balinesi manifestano gratitudine nei confronti degli dei in cui credono (a differenza dell'Indonesia, il più grande Paese musulmano, Bali ha una tradizione induista, che non disdegna contaminazioni col buddismo), mostrando una spiritualità fuori del comune, che pervade veramente ogni attimo (e angolo!) della vita quotidiana.

Anche le spiagge, per dire. O meglio gli accessi alle spiagge.

Scordatevi le insegne colorate, la lavagna col menù del giorno o gli ombrelloni a righe. Qui le porte d'ingresso alle zone balneabili hanno qualcosa di magico, che mi ricorda la Porta delle Sfingi della *Storia infinita*. In roccia, perfettamente simmetriche, sono simili a quelle che conducono ai templi, dunque a un'altra dimensione, in questo caso a quel mare incredibilmente azzurro che brilla all'orizzonte.

La visita a Kuta finisce così, velocemente.

È stata bella ma soprattutto utile per due motivi: ci ha permesso di riprenderci dal jet lag e, grazie alla sua vicinanza all'aeroporto, di farci trovare pronti per ripartire.

"Partenza? Ma come, te ne vai già da Bali?" direte.

No. Cioè sì. Ma per poco. Il fatto è che quando ho pianificato il viaggio mi sono detto che non sarei dovuto restare solo a Bali ma avrei dovuto visitare anche il resto dell'Indonesia. Come si dice dalle mie parti: *rutta pe rutta ruppimula tutta*, già che siamo lì, facciamolo!

Anche perché la destinazione successiva ha qualcosa di leggendario: l'**ISOLA DI KOMODO**. Solo a pensarci mi emoziono. È una di quelle esperienze che capitano una volta nella vita. A volte non capitano proprio. Ma, se capitano, ti fanno capire quanto sei fortunato.

Per raggiungerla si vola. Ma niente "case volanti" e niente *entertainment*. Ci imbarchiamo su un piccolo aereo a elica della **LION AIR**, la compagnia nazionale. Una delle poche, insieme a Nam Air, che porta a **FLORES**, l'aeroporto principale vicino a Komodo (è un volo breve, tipo Lamezia Terme-Milano, e costa circa 70 euro).

Ripeto: aereo a elica. Di quelli che ogni volta che li vedi ti chiedi: possibile che riesca ad alzarsi da terra? Di quelli che l'idea di salire a bordo e volare sopra l'oceano ti sembra una barzelletta fino al momento in cui tocca a te.

E invece?

Invece va tutto bene e dopo 50 minuti (col fiato sospeso) atterriamo nel piccolo aeroporto di Flores, sperduto come l'isola su cui sorge, roba che ci atterreranno sì e no dieci voli al giorno.

Flores è veramente diversa da Bali: è molto povera, qui non c'è granché da vedere e quel che c'è non sembra curato, quasi fosse stato lasciato così com'è sempre stato, come se il tempo non fosse mai trascorso, o come se proprio non esistesse.

Ma non siamo qui per visitarla: fuori dall'aeroporto ci aspetta un transfer che ci conduce al porto, alla barca che ci porterà a Komodo (per trovarla è sufficiente digitare **KOMODO TOURS** su un motore di ricerca).

Non è difficile riconoscere la nostra imbarcazione. Anche perché non siamo certo al porto di Villa San Giovanni da dove salpano le navi dirette a Messina, con gli aliscafi che partono ogni mezz'ora. Qui siamo nell'Indonesia più sperduta, è già un miracolo trovarla, una barca. Che non è un aliscafo, e neppure uno yacht di lusso, bensì una specie di peschereccio, dove alloggeremo per i tre giorni dell'escursione. Io e Matteo, il personale di bordo e alcuni turisti italiani e spagnoli, che incontriamo in quel momento per la prima volta.

Navighiamo per ore e ore, rigorosamente senza connessione (quindi senza la possibilità di aggiornare amici-familiari-seguaci), finché la barca si ferma nel mezzo del nulla.

«*What's happening?*» chiedo, leggermente (...) preoccupato.

«*Ship is broken*» rispondono senza scomporsi più di tanto. Come a dire: capita.

Certo. Capita. Ma a me non è mai capitato, e sul momento non mi pare una grande notizia.

POP-UP

Ok, magari non a tutti capita di naufragare in mezzo all'oceano, ma è sempre bene sapere che cosa fare in caso di emergenza quando si è all'estero.
Innanzitutto, ancor prima di partire (specie se la meta è un Paese lontano, extraeuropeo), conviene dare un occhio al sito *Viaggiare Sicuri*. È sviluppato dal ministero degli Esteri e offre le informazioni più importanti (e aggiornate) sulla destinazione.
Poi è sempre meglio avere con sé i contatti delle ambasciate (sui siti ci sono anche i numeri diretti da chiamare).
Infine, si possono usare i buoni vecchi mezzi di comunicazione tradizionali, perché, come diceva una vecchia pubblicità, "una telefonata allunga la vita"! Quindi informatevi con il vostro gestore di telefonia mobile per poter utilizzare i servizi di roaming all'estero, specialmente se uscite dall'Europa (in quel caso verificate anche quali sono le tariffe applicate da ogni Paese, se volete evitare di ritrovarvi senza credito a metà vacanza!)

Tanto più che, una volta buttata l'ancora, la barca comincia a girare su se stessa. Panico.

Recupero il telefono e noto una tacca che va e viene, così provo a mandare un sms – cosa che non facevo da quando la Vodafone ne regalava 100 al giorno – e contatto Caterina in Italia scrivendole: "Stiamo naufragando!".

Ma prima che la mia amica possa riprendersi dal messaggio nel cuore della notte e allertare la Farnesina, proprio quando tutto sta volgendo al peggio, la barca si raddrizza e riparte, e tutti, perfettamente sincronizzati, tiriamo un bel sospiro di sollievo.

Mentre navighiamo verso Komodo facciamo tappa a **TATAWA ISLAND**. È un'isola in mezzo al nulla, e non c'è nulla neppure sull'isola, solo sabbia, stelle marine e pietre di un colore blu Tiffany che non ho mai visto prima. Tutto attorno, acqua verde chiaro che sembra cristallo. Non c'è niente, e sembra il paradiso.

E lo spettacolo è ancora più paradisiaco quando, all'alba del giorno dopo, ci ritroviamo sul punto più alto di **PADAR ISLAND**, che già dalle foto sembrava la più bella dell'intero arcipelago: in effetti il panorama, il verde della foresta, il bianco della sabbia e i raggi del sole che si riflettono sull'acqua sono qualcosa che ti lasciano a bocca spalancata.

Altro *spot* da lasciare senza fiato è la famosa **PINK BEACH**, che invece è proprio a Komodo: non avevo mai nemmeno visto una spiaggia nera, figuratevi rosa! La notiamo da lontano, brilla per quanto è colorata e per quanto è forte il contrasto col paesaggio brullo sullo sfondo. Vedi la striscia di rosa, che deve il suo colore alla presenza di piccoli frammenti di corallo mescolati alla sabbia, e dici: “Cavolo, ma allora non era photoshoppata nelle immagini su Internet, è davvero così!”.

Ci restiamo poco, appena due ore. L’istinto del *travel creator* è scattare foto su foto, a più non posso. Ma poi mi fermo e mi guardo intorno: sono in una delle spiagge più belle al mondo, un posto così magico che non sembra reale.

Faccio tutto d’istinto: metto via il telefono, mi specchio nel mare e mi godo il momento. E cerco di imprimermelo nella memoria in modo da ricordarlo quando sarò lontano, quando questo viaggio sembrerà solo un sogno e soprattutto quando tornerò a casa e dovrò trovare il coraggio di dire ai miei conterranei: “Ho trovato una spiaggia più bella di Tropea”.

Lasciata Pink Beach raggiungiamo la tappa successiva: il **PARCO NAZIONALE DI KOMODO**.

Ora, perché Komodo è così famosa, o almeno non è un nome che vi suona completamente sconosciuto?

La faccio semplice: è quasi sicuramente per via del varano di Komodo (detto anche “drago di Komodo”), che spesso compare nei documentari sugli animali. È una via di mezzo tra un drago e una lucertola gigante carnivora (può raggiungere i 3 metri e gli 80 chili!), che finora ho visto in azione solo nei film trash, tipo *Komodo vs Cobra*. E adesso, una volta entrati nel parco, che è una specie di deserto ma verde, me lo trovo davanti agli occhi, a pochi metri da me. Libero. Immobile. Che prende il sole. Visto così sembra innocuo. Ma non è in gabbia (al massimo lo siamo noi che stiamo visitando la sua isola). Perciò... tocca sperare che abbia appena mangiato, perché fa veramente paura. In tutto, alla fine del nostro giro, ne incroceremo sei o sette.

Intanto la guida (che devi per forza seguire, dato che è impossibile visitare il parco da soli) ci spiega chi sono, che abitudini hanno e come vivono. Una cosa che fa molto "Focus Junior", ma con qualche venatura splatter, come il racconto del comportamento delle madri di questa specie.

Innanzitutto dovete sapere che la femmina di varano di Komodo non ha sempre bisogno del maschio per riprodursi, ma può fecondare le uova in maniera asessuata. In più non è troppo gentile con i propri cuccioli perché dopo che le uova si sono schiuse... li mangia, tanto che i "komodini" appena nati si affrettano ad arrampicarsi sugli alberi per scappare sia dagli altri animali sia dalla genitrice. Quando si dice l'amore materno...

La nostra escursione (costo del viaggio per Komodo: 2.500.000 rupie a persona; costo di ingresso al parco di Komodo: 500.000 rupie) finisce dopo circa un'ora.

Ultima tappa in mezzo al mare: vedere le **FLYING FOXES** (che altro non sono che pipistrelli)! Anche se sembra strano, dalla barca le possiamo vedere perfettamente, perché al tramonto, quando si svegliano, cominciano a volare nel cielo per passare da un'isola all'altra in cerca di cibo. Avete presente quando le rondini formano quegli stormi giganti? Stessa cosa.

Dopo tre giorni di oceano, torniamo sulla terraferma, a Bali.

Stavolta abbandoniamo la zona di Kuta e ci dirigiamo verso la città più visitata dell'isola, la bellissima **UBUD**.

Alloggiamo in un umile hotel, l'Omank Agus Homestay, gestito da una famiglia indonesiana. L'ingresso è uguale identico a quello della casa di Mulan, il mood è quello. So che l'eroina Disney è cinese, ma ritroverete quelle *vibes* anche in Indonesia. Insomma, stiamo comunque parlando di Asia!

Il personale ci dà il benvenuto con un cesto di frutta (papaya e mango sono onnipresenti da queste parti), si respira aria di accoglienza, gentilezza, la cultura qui è decisamente volta all'ospitalità (e ovviamente i prezzi sono bassi: 8 euro a notte, roba che non si vede nemmeno nel peggiore ostello italiano). Che poi è il modo migliore per prepararci a una delle tante tappe pianificate da Wira, un posto che non ho mai sentito nominare.

Faccio colazione in tutta fretta perché non vedo l'ora di partire in esplorazione. Mentre l'attrattiva principale di Flores e Komodo è legata alla natura, qui si respira aria di cultura; mentre lì c'erano pochissime persone, qui ce ne sono anche troppe. Tanto che quando alle 9 raggiungiamo la meta c'è già una piccola folla. Comprensibilmente, perché è un posto davvero speciale. Si tratta della **TEGALALANG RICE TERRACE** (costo d'entrata: 5 euro), da dove si ammirano i bellissimi terrazzamenti per la coltivazione del riso che digradano dolcemente verso valle. Avete presente la giungla? Ecco, questo posto (Patrimonio dell'umanità Unesco) è qualcosa di molto simile. Ma più ordinato, grazie all'intervento dell'uomo, che però non si è imposto sulla natura, ma vi si è adattato. Il verde è ovunque e di tutte le sfumature, scuro, chiaro, brillante... Ricordate quando Mary Poppins salta nel quadro con i bambini? Una cosa del genere. Però più *Libro della Giungla*.

Immerso nella natura c'è un altro *highlight* di Bali: l'altalena. Già, fare la **SWING** è sicuramente un *must* da queste parti, puoi farlo ovunque, e anche questo posto non fa eccezione. Nonostante le vertigini e l'ansia di dondolare nel vuoto attaccato a due palme che chissà quanto peso han sopportato finora, non posso tirarmi indietro: che fai, ti privi dell'esperienza di un volo nella giungla?

L'unico consiglio che mi sento di dare è di non farlo se pochi minuti prima avete mangiato o sorseggiato una brodaglia al gusto di caffè (lo so, sono fissato, il caffè all'estero non mi va mai giù!): le conseguenze saranno vomito e mal di testa assicurati.

Altra tappa del nostro tour: **TIRTA EMPUL TEMPLE**, il tempio della sorgente sacra, pura, luogo simbolo dello scontro tra le forze del Bene e del Male, dice Wira, un posto che per la sua importanza è considerato patrimonio nazionale. Il biglietto d'ingresso costa meno di 3 euro e consente non solo di visitare il tempio ma anche di farsi un bagno purificante. Nel cortile centrale ci sono infatti due grandi vasche. Il fedele (ma anche il turista) si immerge in quella principale, che ha tredici fontane da cui sgorga acqua sacra, e con le mani giunte in preghiera china la testa lasciandosi bagnare e passando da una fontana all'altra, da ovest a est. Ma attenzione: le ultime due fontane sono dedicate ai riti funebri, non utilizzatele!

Non è l'unico tempio che visitiamo.

Ve l'ho detto: la spiritualità in Indonesia permea ogni aspetto della vita. È l'incenso, sono i cestini con i fiori per strada, gli edifici sacri... È come se ogni tappa di questo viaggio fosse una tappa verso... l'infinito e oltre!

Ma due luoghi mi toccano in modo particolare, nel bene e nel male.

Il primo è l'inevitabile **LEMPUYANG TEMPLE**, dove si trova la **PORTA DEL PARADISO**, il posto più fotografato, più instagrammabile e più visitato dell'isola.

È piuttosto lontano da Ubud, perciò l'affitto della macchina ci costerà un po' più del solito, 37 euro. Inoltre la sveglia suona alle 3 del mattino: essendo un posto così popolare l'unico modo per evitare gli affollamenti è raggiungerlo molto presto.

Spesa elevata e sveglia ingrata: ne varrà la pena?

Vedremo.

Impieghiamo due ore buone a raggiungerlo, ormai sono le 5 del mattino, i galli cantano e... ci sono già delle persone in fila.

Rassegnato, indosso il **SARUNG**, la "gonna" indonesiana obbligatoria per accedere ai luoghi sacri, mi metto in coda e... mi prende un colpo. Che succede? Nelle foto che ho visto in internet la Porta del Paradiso si affaccia su un lago, ma qui in realtà non c'è proprio niente! Com'è possibile? Era pioggia? Forse una pozzangherona formatasi dopo un temporale? O magari buttano dell'acqua apposta per creare il riflesso? Oppure è un effetto creato a posteriori, con Photoshop e simili?

Niente di tutto questo. Lo capiamo poco dopo, osservando la scena.

Fondamentalmente è un trucco banale, molto semplice (ma che ha avuto un successo planetario!): si tratta di sistemare in un certo modo uno specchietto sotto l'obiettivo e... l'illusione è servita: la porta non si riflette in nessuno specchio d'acqua, ma in uno specchio vero e proprio.

Insomma, è tutto finto!

Sono le 6 del mattino e sto avendo il mio primo esaurimento nervoso. Però la prendo sul ridere. E continuo a farlo quando ho la conferma di trovarmi più su un set fotografico che in un luogo sacro. Il fatto è che tutto è organizzato, incastrato nei minimi particolari. Le foto, per esempio: hai tre pose a disposizione e non puoi fartele da solo o fartele fare da un amico, ci pensa un fotografo ufficiale, perché la fila è molto lunga e non c'è mica tempo per fare *shooting* alla Beyoncé, cioè sarebbe bello ma non si può.

Praticamente un addetto scatta e una ragazza urla il numero degli scatti:

GO!

NEXT POSE!

LAST POSE!

NEXT!

Esattamente come ai parchi di divertimento, e in effetti ci sentiamo come se fossimo su un'attrazione di Gardaland.

Però ok. Riusciamo a scattare le foto ricordo alle 6.21 e sono veramente belle, non me l'aspettavo.

L'altro *must*, sempre nei pressi di Ubud, è la **UBUD MONKEY FOREST**, la foresta sacra delle scimmie.

La raggiungiamo dopo una lunga passeggiata e prima

ancora di entrarci avvistiamo alcune scimmie che camminano libere per strada.

Ma attenzione: dobbiamo ricordare che questo non è uno zoo, ma il loro habitat, che sono loro che comandano e noi che ci dobbiamo adattare. Anche per questo ci sono delle regole che dobbiamo seguire per sopravvivere all'escursione. E non uso "sopravvivere" a caso, perché, anche se a vederle così fanno simpatia, non vuol dire che le scimmie abbiano un buon carattere. Anzi, sono delle stronze! Ladre e furbe.

Ecco le regole principali:

- attenti allo zaino (le scimmie tendono a strapparvelo di dosso);
- attenti agli occhiali (le scimmie hanno il brutto vizio di rubare gli occhiali e spezzarli in due);
- non tenete il telefono in mano;
- non date cibo che non sia quello consentito;
- non guardatele negli occhi;
- non prendetele in giro.

Insomma, fate attenzione! Solo così potrete girare liberi per la riserva naturale, tra scimmie che saltano da una liana all'altra, che ti seguono incuriosite o si fanno semplicemente i fatti loro spulciandosi e disegnando con dei gessetti sulla strada (sì, le scimmie disegnano!

Ovvio, non sono Picasso, ma sanno usare pietre e gessetti per creare sagome sulla strada. E comunque sono molto più brave di me!).

Per i balinesi non è una semplice area protetta: è un luogo sacro, un santuario al cui interno sorgono pure tre templi induisti. A me sembra più che altro di trovarmi dentro *Temple Run*, il videogioco in cui devi saltare alberi che poggiano su ponti e templi. Stessa cosa. Ma molto più adrenalinico perché reale.

Nei giorni seguenti giriamo tanto e vediamo luoghi (naturali e non) che non dimenticheremo mai, perché rappresentano la vera essenza indonesiana e balinese.

E alcuni luoghi personalmente non li dimenticherò mai per altri motivi più legati all'adrenalina... È il caso di **NUSA PENIDA**, la Capri balinese, per intenderci, un'isola esclusiva, molto costosa, dunque l'opzione più economica è visitarla in giornata raggiungendola in traghetto. Il biglietto di andata e ritorno da Seminyak costa 80 euro, non economicissimo. "Dai, si vive una volta sola!" penso, senza sapere che di lì a poco farò ben altre riflessioni sulla vita!

La nostra traversata, infatti, già mi puzza di tragedia quando la mattina Wira ci lascia al porto, proprio di fronte all'aliscafo su cui ci imbarcheremo. Ha quattro motori attaccati a poppa. È diverso da tutti gli altri, palesemente modificato. Io, che ho già rischiato di naufragare a Komodo, mi sentirei anche di aver già dato...

Fatto sta che prendiamo il nostro ticket, ci sediamo e l'aliscafo parte. Tutto sembra normale, fino a quando dopo dieci minuti eccoci catapultati sul Blu Tornado di Gardaland! Siamo in oceano aperto e la barca sta letteralmente saltando sulle onde come un qualsiasi alpaca salta felice in un campo. Ma non siamo in un campo e soprattutto non siamo alpaca.

Mentre comincia a entrare acqua dai finestrini il mio unico pensiero è: "Sto vivendo l'ultimo giorno della mia vita". Drammatico come sempre.

La cosa che mi tranquillizza è che intorno a noi sono tutti rilassatissimi, guardano fuori e ascoltano musica come se niente fosse. Capisco che è normale, se l'unico spaventato sono io significa che il problema non è la barca, le onde o altro, ma... le mie #giovansie. Così faccio un bel respiro e ignorando la nausea resisto per i circa 50 minuti di navigazione.

Alla fine posso dire che ne è valsa la pena: mi sarebbe dispiaciuto perdermi incredibili *spot* naturalistici come Broken Beach, Kelingking Beach e Diamond Beach.

Se nei giorni precedenti abbiamo puntato alle mete più turistiche, quelli successivi sono dedicati a un'immersione a 360 gradi nella cultura del luogo. Per esempio:

- **TIRTA GANGGA WATER PALACE**: il Palazzo sull'acqua nell'entroterra nordorientale, vicino alla cittadina di Amed. Ex residenza reale di cui è rimasto ben poco, merita soprattutto per il giardino decorato con fontane, piscine in pietra e statue tipiche balinesi.
- **TAMAN UJUNG WATER PALACE**: un palazzo costruito in mezzo a un lago con uno stile differente da quello dei palazzi e dei templi della zona. I giardini e gli ambienti acquatici sono unici!
- **BALI HANDARA GATE**: simile alla Porta del Paradiso, ma immersa nel verde, è in realtà l'entrata di un residence. Non so perché sia diventata così famosa: non mi è piaciuta particolarmente! Forse era la giornata piovosa, forse ero giù di morale perché la data della partenza per l'Italia si avvicinava... in ogni caso, soprattutto se avete poco tempo a disposizione, vi suggerisco di saltare questa tappa.

Terminata la visita al Bali Handara Gate ci spostiamo su un set fotografico immerso nella giungla (costo: 5 euro): **WANAGIRI HIDDEN HILLS**, le Colline Nascoste di Wanagiri. È qui che potete trovare i famosi nidi giganti che vedete in tutte le foto di Bali.

Questo posto è nato solo e soltanto per fare foto da postare su Instagram. Detta così fa un po' tristezza, però è vero. Pensate che si possono anche affittare dei vestiti sul posto per rendere le foto ancora più "autentiche".

Dopo le Colline Nascoste abbiamo raggiunto una destinazione anch'essa alquanto... nascosta, o che almeno io, senza Wira, non avrei mai trovato. Sto parlando di **ALING-ALING WATERFALL**, questo sì un posto autentico al cento per cento, all'insegna di natura, cascate e ancora natura. Queste cascate si chiamano Aling-Aling perché sono gemelle, hanno la stessa lunghezza e finiscono entrambe in una piscina naturale in cui si può fare il bagno. Bello, no?

E siamo giunti alla nostra ultima sera a Bali: per l'occasione assistiamo a uno spettacolo chiamato **KECAK DANCE**. In sostanza, un centinaio di balinesi si riuniscono attorno a un fuoco e cominciano a intonare una sorta di ululato collettivo. Lì per lì la cosa mi spiazza, ha un che di rito satanico! Sento solo *uh uh uh uh uh* mentre alcuni uomini in perizoma si agitano attorno al fuoco. Decisamente una delle scene più strane a cui abbia mai assistito.

Invece, scopro poi, è un rito tradizionale, fa parte della cultura balinese. È qualcosa di loro, di "diverso", quindi ancora più interessante.

E toccante, complice l'incredibile tramonto che lo accompagna.

TAPPE PRINCIPALI

- Fare un giro per KUTA, l'Ibiza d'Oriente
- Incontrare il paradiso a TATAWA ISLAND
- Godersi l'alba a PADAR
- Contemplare la sabbia rosa di PINK BEACH
- Passeggiare tra i draghi dell'ISOLA DI KOMODO
- Visitare la bellissima città di UBUD
- Dondolarsi con l'altalena a TEGALALANG RICE TERRACE
- Immergersi nell'acqua sacra di TIRTA EMPUL TEMPLE

Farsi fotografare
alla Porta del Paradiso
del LEMPUYANG TEMPLE

Gironzolare nella FORESTA
SACRA DELLE SCIMMIE

Scoprire la cultura del
TIRTA GANGGA WATER PALACE

Scattare foto alle
"colline nascoste" di WANAGIRI

Farsi un bagno alle
ALING-ALING WATERFALL

Assistere alla KECAK DANCE
al tramonto

PLAYLIST

Natural - Imagine Dragons

Runaway - Aurora

Nero Bali - Elodie,
Michele Bravi, Gué Pequeno

This Is Me Trying - Taylor Swift

Watermelon Sugar - Harry Styles

Rain on me - Lady Gaga e Ariana Grande

Avicii - The Nights

No Ceiling - Eddie Vedder

How Far I'll Go - Alessia Cara

CHECK-LIST

- poggiatesta gonfiabile
  e mascherina per gli occhi
- documenti (validi!)
- elenco degli indirizzi e dei telefoni utili
  (alberghi, guide, ambasciate eccetera)
- medicinali (quelli che si fa fatica
  a trovare sul posto)
- adattatori per la corrente elettrica
- spray antizanzare
- crema solare ad alta protezione
- un cappello
- abbigliamento fresco e comodo (lino)

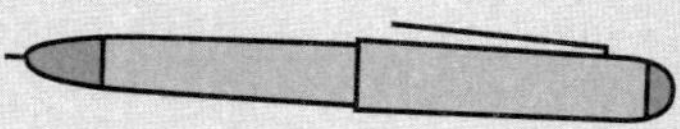

Budget

Cose che non so
(appunti e scarabocchi)

4

VIAGGIARE IN INTERRAIL

In genere quando lo racconto mi guardano tutti come se stessi parlando un'altra lingua. Non è che gli sfugge un dettaglio: non ne sanno proprio niente. E appena cominciano a capirci qualcosa, ecco che l'espressione cambia e dal: "Cosa cavolo stai dicendo?" passa al: "Questo è matto".

→

Come se in un mondo fatto di connessioni aeree super veloci viaggiare in treno sia un controsenso, qualcosa di veramente strambo.

←

Questo capitolo serve proprio a spiegare cos'è l'Interrail, come funziona e soprattutto perché vale la pena provarlo.

Pronti? Ecco la mia guida in 9 step.

1. Che cos'è Interrail?

Se fate confusione e non avete ben chiaro di cosa si tratta... tranquilli, io c'ho messo venticinque anni a capirlo!

La prima volta che l'ho sentito nominare ho avuto la vostra stessa reazione. È stata una mia amica, Chiara, a parlarmene: è arrivata tutta carica dopo un mio esame e mi ha proposto di festeggiare con un Interrail.

E io: «Ci sto! Ma cosa cavolo è?».

E poi, una volta che me l'ha spiegato, me ne sono innamorato perdutamente.

Quindi... di che si tratta?

Iniziamo dalle basi: è un servizio che vi consente di **viaggiare in treno per tutta Europa** a prezzi contenuti e senza (troppi) vincoli di tempo.

2. I pass

Il **Pass Interrail** è il "biglietto" valido per le reti ferroviarie che aderiscono al servizio.

Ce ne sono di due tipi, quello che vi permette di attraversare l'Europa e quello che vale per una singola nazione.

Se per esempio siete appassionati di cultura inglese, se siete in fissa con i mulini olandesi o volete conoscere tutto della Repubblica Ceca, vi consiglio di acquistare il **One country Pass**: in questo modo potrete esplorare il Paese in lungo e in largo, senza perdervi niente, dalle capitali ai villaggi più sperduti.

Se invece non avete un itinerario preciso o volete visitare più nazioni dovreste optare per il **Global Pass**. Con alcune avvertenze. Prima di tutto esistono delle tempistiche da rispettare e nuove parole da imparare per evitare di finire in Cina (sarebbe bellissimo, però, ecco, il biglietto non coprirebbe i costi!). Questo significa che esistono diversi Global Pass a seconda della **validità** (da un minimo di 4 giorni – 185 euro – a un massimo di 3 mesi – 677 euro) e dei **giorni di viaggio** consentiti.

Il biglietto che consiglio – ideale per visitare una manciata di località – è quello da 5 giorni di viaggio entro un mese dalla data di inizio, al costo di 212 euro.

3. Ma cosa vuol dire giorno di viaggio?

Probabilmente penserete che corrisponda a un "giorno di vacanza".

Non è così.

Un biglietto interrail da 5 giorni di viaggio può durarne anche 20, perché un **giorno di viaggio** corrisponde al giorno in cui viaggiate effettivamente sul treno. Anzi, sui treni, dato che in un giorno di viaggio potete prenderne quanti ne volete: cinque, sei, sette, l'importante è che li prendiate nell'arco delle ventiquattr'ore, ovvero dalle 00.00 del giorno in cui salite sul primo treno fino alle 23.59 dello stesso giorno.

4. La regola di Cenerentola

Quando si parla di tempistiche c'è un principio da tenere a mente, l'ho ribattezzato "la regola di Cenerentola", e consiste in un'**eccezione** legata alla durata del giorno di viaggio.

Se prendete un treno notturno, che per esempio parte alle 20 e arriva a destinazione il giorno successivo, è inevitabile superare la mezzanotte: nessun problema, in questo caso vi viene conteggiato un solo giorno di viaggio anziché due. Diversamente, se scendete dal treno e ne prendete un altro alle 4 del mattino significa che state cominciando un nuovo viaggio e, dunque, un nuovo giorno di viaggio.

5. Tipologie di treno

A proposito di treni notturni: agevolano un sacco.

Viaggiare di notte significa dormire nelle cuccette evitando di spendere per ostelli/hotel e raggiungere una destinazione (anche lontana) senza fatica.

Ma, a mano a mano che prenderete confidenza, capirete che ogni treno ha le sue caratteristiche, e ovviamente i suoi lati positivi.

I treni ad alta velocità vi portano alla meta in un batter d'occhio, quasi vi ci teletrasportano. I treni regionali e gli Intercity rappresentano un'immersione nella vita reale: salirci significa condividere il sedile con persone che usano quel treno ogni giorno e non per vacanza. E poi ci sono i treni panoramici che vi conducono attraverso scenari da cartolina.

Ovvio, non è che col vostro biglietto base potete fare quel che volete. Per esempio, alcune tipologie di treno richiedono un **sovrapprezzo** per riservarvi un posto.

Quali? Per esempio i treni notturni, quelli ad alta velocità e gli Intercity.

Quanto costa la **prenotazione**? Tendenzialmente dai 5 ai 10 euro (dipende anche dalle ore di viaggio che fate).

Come si fa a prenotare? Nella sezione apposita del sito Interrail, nel momento in cui acquistate il pass. Altrimenti, se in quel momento non ne avete voglia oppure siete più tipi da *carpe diem*, potete farlo direttamente in stazione.

Per quanto mi riguarda, gli unici treni che prenoto in anticipo sono quelli notturni, che generalmente sono più pieni. Il resto delle prenotazioni le faccio direttamente in stazione, il giorno della partenza. D'altra parte il bello dell'Interrail è anche questo, no? La flessibilità, la possibilità di **improvvisare e cambiare piani** ogni volta che si vuole. Detto questo, se volete risparmiarvi un po' di #giovansia e prenotare in anticipo fate comunque benissimo!

6. Viaggiare in solitaria *vs* viaggiare in gruppo

Nella mia esperienza l'Interrail è un viaggio celebrativo (si organizza dopo diplomi, lauree eccetera), per questo si fa in **gruppo**.

Gli aspetti positivi sono diversi.

Prima di tutto si risparmia: per esempio, potete dormire in ostello dividendo la camerata con gli amici oppure potete sfruttare le tante offerte destinate ai gruppi. Poi potete sempre contare su qualcuno che vi tiene d'occhio lo zaino quando dormite, che vi presta il caricabatterie del cellulare se il vostro si è rotto e che in generale vi aiuta ad affrontare gli imprevisti. Ma soprattutto tutti insieme potete condividere un'esperienza che vi unirà ancora di più (a meno che non vada male e allora... vabbè, era destino!).

Poi, ovvio, c'è chi preferisce muoversi da solo, in autonomia, e sentirsi libero di fare amicizia con persone nuove, con cui fino a quel momento non aveva nulla in comune. Anche per questo Interrail fornisce un **braccialetto** a tutti coloro che usufruiscono del servizio: in questo modo basta un'occhiata per riconoscersi e decidere di fare un tratto di rotaia assieme.

7. Lo zaino

Al di là del braccialetto, il vero segno distintivo per chi viaggia in Interrail è lo zaino in spalla.

Scordatevi trolley o borsoni raffinati: per questo tipo di viaggio avrete bisogno di qualcosa di leggero e resistente, che vi permetta di muovervi con facilità. L'ideale è il classico zaino da campeggio che, giorno dopo giorno, treno dopo treno, diventerà parte di voi, una specie di compagno di viaggio, e finirà col rendervi degli autentici ***backpackers***.

Tendenzialmente potete acquistarlo da Decathlon (o *store* simili). Ci sono diversi modelli, ma la differenza più rilevante riguarda la grandezza. Io suggerisco il modello da 35 litri, ma dipende molto dalla forza che avete nelle spalle.

Nel prepararlo prima della partenza, se c'è una cosa con cui non dovete eccedere sono i vestiti: negli ostelli ci sono sempre le lavatrici e, quando serve, potrete fare il bucato come dei veri viaggiatori!

8. Perché il treno?

A questo punto vi sarà chiaro perché amo tanto viaggiare in treno.

Se non fosse così, ecco altri 9 motivi per cui lo preferisco a ogni altra modalità di viaggio:

- non c'è niente come guardare fuori dal **finestrino** accompagnati dal tipico rumore ritmato (anche se nei treni moderni è tutto molto più soft);
- anche poter tenere il **telefonino** acceso (e non in modalità aerea) non è male;
- rappresenta un modo di viaggiare **sostenibile** (basta pensare al confronto con le emissioni di CO_2 prodotte dagli aerei);
- mi dà la sensazione di avere il **controllo della situazione**. Cioè, alla fine ci sono i binari, in qualche modo il guidatore si limita a seguirli, e io mi sento libero di distrarmi;
- ha un **ritmo diverso** da... tutto, dai luoghi che ti scorrono accanto, dalle macchine ferme nel traffico, dagli aerei che sfrecciano in cielo...
- ti permette di arrivare pressoché **ovunque**, dalle grandi stazioni nel cuore delle capitali europee a quelle più piccole dei paesini sperduti;
- non ci sono code, check-in, **controlli**, coincidenze

vincolanti: è sufficiente trovare il binario, salire a bordo e prendere posto;

- a differenza di pullman e aerei, è **comodo** e puoi alzarti e sgranchirti le gambe ogni volta che ne hai voglia;
- puoi scendere dove vuoi, puoi anticipare o ritardare una partenza e cambiare idea in qualsiasi momento: la sensazione di **libertà** è massima.

9. Cosa bisogna fare prima di partire?

Interrail è un viaggio avventuroso, pieno di imprevisti (positivi e negativi), un'esperienza sorprendente che ricorderete per tutta la vita.

→

Essere flessibili, sapersi adattare e saper improvvisare sono doti fondamentali. Così come saper cogliere l'attimo e viverlo al cento per cento.

←

Ma io in questo caso preferisco di gran lunga organizzarmi in anticipo, soprattutto perché, avendo poco tempo a disposizione, voglio sfruttarlo al meglio, limitando errori e imprevisti (attese in stazione, ostelli/hotel pieni eccetera).

Si tratta di **pianificare** il viaggio giorno dopo giorno, città dopo città, treno dopo treno. Di riunirsi attorno a un tavolo con gli amici per discutere e fantasticare. Può suonare noioso ma questo, in qualche modo, è già viaggiare.

Da Milano al Circolo polare artico

È il 28 dicembre 2019 e sto per partire per quello che sarà il viaggio più intenso di tutta la mia vita. In Interrail da Milano al Circolo polare artico in 14 giorni con un Pass da 7 giorni: niente male, eh?

È da molto che lo pianifico, amo il treno e osservare il paesaggio dal finestrino mi fa sentire come se mi trovassi in un videoclip musicale. È la *location* perfetta, se ci pensate, e bastano quattro gocce di pioggia che scivolano sul vetro del finestrino per sentirsi subito Taylor Swift.

So che sarà faticoso, per questo ho già la mia scorta di Polase pronta.

PRIMA TAPPA: STAZIONE CENTRALE DI MILANO 28 DICEMBRE (PRIMO "GIORNO DI VIAGGIO")

Partenza alle 7.58 dalla Stazione Centrale di Milano, forse la più creativa che abbia mai visto, così creativa che mi perdo sempre.

Ci sono veramente troppi binari, e ovviamente il mio treno parte da quello nascosto (manco fossimo in *Harry Potter*!) e più corto degli altri, insomma il più "scrauso" e imboscato. Destinazione Tirano, Valtellina.

Perché sono diretto proprio lì?

Perché da lì parte il famoso **BERNINA EXPRESS** (che grazie al Pass Interrail pago 10 euro invece dei classici 60): da subito lo ribattezzo "il treno delle quattro stagioni", dato che – se lo prendete in questo periodo dell'anno – vi conduce attraverso quattro scenari differenti (gli alberi e il *foliage* attorno a Tirano, i campi e i laghi del tratto intermedio, e il pieno inverno svizzero), e tutti sbalorditivi.

Un'esperienza unica nel suo genere che vi farà sentire in *Polar Express*. O in tutti quei film che hanno un treno come protagonista e un mondo incantato, da fiaba, come sfondo.

UNA STAZIONE PIENA DI SORPRESE

Le curiosità legate alla Stazione Centrale di Milano non sono poche:

- inaugurata nel 1931 e ristrutturata (tra molte polemiche) a partire dal 2005, è la seconda stazione italiana per grandezza e volume di traffico (circa 600 treni al giorno);
- considerata espressione dell'architettura fascista, in realtà si ispira a una stazione americana, precisamente quella di Washington;
- ci sono in totale 24 binari, compreso il tristemente noto binario 21, da dove partivano i treni carichi di deportati destinati ai campi di concentramento nazisti;
- nell'area ai tempi riservata alla famiglia reale (il Padiglione Reale, oggi aperto alle visite in occasioni speciali), tra mosaici e arazzi, c'è un bagno e in quel bagno, dietro allo specchio, c'è un passaggio segreto, che i Savoia potevano utilizzare in caso di emergenza;

- la stazione è dedicata a santa Francesca Cabrini, missionaria e patrona dei migranti. C'è anche una lapide in sua memoria, che ricorda "le tante volte che si avventurò per le strade del mondo" transitando da questi binari: il problema è che la santa è morta nel 1917, parecchi anni prima che la stazione venisse inaugurata.

Da Tirano raggiungo Sankt Moritz, ma di passaggio, perché lì ho la coincidenza per Zurigo. Non è l'unico cambio che faccio, anzi: salgo e scendo da quattro treni differenti finché, finalmente, esaurisco il mio primo giorno di viaggio sui sette che ho a disposizione. Per tutto il tempo continuo a pensare: "Ok, Giovanni, ricordati che devi scendere dalla carrozza prima di mezzanotte, se scendi dopo so' cazzi".

Ce la faccio: quando metto piede in quel di Zurigo sono le 22.58.

SECONDA TAPPA: ZURIGO
29 DICEMBRE

La Svizzera è famosa più per i suoi paesaggi che per le sue città, che in genere non hanno molto da offrire. E non fa eccezione nemmeno Zurigo, la più popolosa e cosmopolita, con una qualità della vita tra le più alte al mondo, che esploro in poco tempo, neppure mezza giornata.

E queste sono le 9 cose che vi consiglio di fare a Zurigo:

- passeggiare per **MÜNSTERHOF**, la piazza principale della città vecchia;
- assaggiare il **RÖSTI**, il tortino di patate tipico della zona;

- *non* comprare una **CALAMITA DA FRIGO** (costo minimo: 7 euro!);
- prendersi un caffè alla **CONFISERIE SPRÜNGLI**, una delle cioccolaterie più antiche (1836) e prestigiose della Svizzera (che in fatto di cioccolato se ne intende...);
- *non* dilapidare una fortuna (sempre che uno ce l'abbia, la fortuna da dilapidare!) in **BAHNHOFSTRASSE**, la Montenapoleone locale;
- visitare il **GROSSMÜNSTER**, il duomo, che secondo la leggenda sorge proprio sulle tombe dei santi patroni della città, Felix e Regula;
- fare un giro tra i caffè e i locali del quartiere di **ZURICH WEST**, famoso anche per le sue gallerie d'arte (a proposito di gallerie, anche se non è propriamente in zona, la **KUNSTHAUS**, il museo di arte antica, moderna e contemporanea, merita una visita!);
- ammirare il rosone dell'**ABBAZIA DI FRAUMÜNSTER**, e le vetrate colorate realizzate da Marc Chagall;
- contemplare il **LAGO**.

TERZA TAPPA: AMBURGO
30 DICEMBRE (SECONDO "GIORNO DI VIAGGIO")

Per risparmiare il costo di un'altra notte in hotel e guadagnare tempo, prenoto (5 euro) un treno notturno diretto nell'estremo Nord della Germania, ad Amburgo, distretto commerciale importantissimo (terzo porto d'Europa e primo del Paese).

Non riservo una cuccetta, che costa parecchio, e mi accontento di un umile posto a sedere. Audace, direte. E subito dopo vi chiederete: come hai fatto a dormire? Semplice, mi sono dato il cambio con la persona con cui sto viaggiando, dormendo a turno, come nei film in cui si fa la guardia al caveau della banca. Non perché l'Interrail non sia sicuro, ma si tratta comunque di un treno notturno regionale e non voglio neppure prendere in considerazione l'idea di essere derubato durante la seconda tappa. Stare all'erta quando si viaggia è sempre importante, in certi momenti ancora di più.

Dopo circa 12 ore raggiungiamo Amburgo: non è sicuramente la mia città preferita ma vale comunque la pena visitarla, soprattutto se si è di passaggio (come lo sono io).

Ecco le 9 cose da fare nella "Venezia del Nord" (o in una delle Venezie del Nord, visto che a contenderle il titolo ci sono Stoccolma, San Pietroburgo, Bruges, Amsterdam...):

- stupirsi davanti all'**ELBPHILHARMONIE**, l'auditorium della città realizzato dallo studio Herzog & de Meuron (lo stesso che ha progettato la Fondazione Feltrinelli a Milano);
- perdersi tra le case in mattoni di **ALTSTADT**, la città vecchia;

- salire su un **VAPORETTO** e scoprire la città navigando lungo i canali;
- ammirare il palazzo del **MUNICIPIO**, e – se capitate nel periodo giusto – il magico mercatino di Natale;
- fare colazione all'alba e osservare i pescatori contrattare al **FISCHMARKT**, il mercato del pesce;
- assaggiare i **FISCHBRÖTCHEN**, i tradizionali panini alle aringhe;
- visitare la città (e diverse parti del mondo)... in miniatura: **MINIATUR WUNDERLAND** è un plastico in scala da Guinness World Record, dove sono riprodotte tantissime località, tutte nei minimi dettagli;
- dare un'occhiata ai caffè e locali "malfamati" di **REEPERBAHN**, nota anche come la "zona rossa" della città per via dei tanti club e sexy shop;
- fotografare **SPEICHERSTADT**, il più grande complesso al mondo di magazzini affacciati sul mare (in realtà sono ex magazzini riconvertiti in musei o uffici), nonché Patrimonio dell'Unesco.

QUARTA TAPPA: COPENAGHEN
31 DICEMBRE (TERZO "GIORNO DI VIAGGIO")

Dopo aver fatto i miei 14.567 passi per Amburgo, la mattina seguente prendo un treno diretto a Copenaghen, esaurendo così il mio terzo giorno di viaggio. Si tratta di un regionale, quindi non pago nessun sovrapprezzo.

Nella capitale danese trascorro il Capodanno.

Qui i festeggiamenti iniziano alle 5 di pomeriggio, quando viene trasmesso il discorso della regina, e terminano poco dopo la mezzanotte, quando ormai la maggior parte dei danesi è completamente ubriaca (preferibilmente di **BIRRA**, che quassù ha la stessa storia – dicono che i vichinghi ne andassero matti! – e importanza che il vino ha in Italia).

Copenaghen è una città viva, dinamica, sicuramente una delle mie preferite nel Nord Europa. È accogliente, positiva, con poche macchine e tante bici (mai viste tante tutte in una volta!). E... ok, è molto costosa, ma al pari di tutte le città scandinave, nessuna esclusa. Però è costosa soltanto per noi turisti stranieri, perché alla fine è tutto proporzionato agli standard di vita e agli stipendi, che qui sono molto elevati.

Ecco le 9 esperienze che vi suggerisco di fare:

- tornare bambini a **TIVOLI**, uno dei luna park più antichi del mondo (1843), situato nel cuore della città;
- mangiare le **APPLESKIVES**, frittelle tonde alle mele;
- fregarsene della Sirenetta, la celebre scultura collocata all'imbocco del porto, e andare dritto alla **SIRENETTA GENETICAMENTE MODIFICATA**: tutti visitano la

prima, nessuno si fila la seconda, che si trova a un centinaio di metri di distanza. E non la considerano perché, come dicono quelli cattivi, è brutta. In realtà è solo diversa. Perciò merita di essere vista, merita la sua rivincita!

- fare una passeggiata nel **CIMITERO DI ASSISTENS**. Cosa? Una passeggiata in un cimitero?! Già, avete capito benissimo. Ma scordatevi atmosfere cupe e minacciose: qui si respira un'aria serena, tra prati curati, ragazzi che fanno picnic (!) e girano in bicicletta, e tombe di danesi più o meno illustri, come Hans Christian Andersen (è l'autore della *Sirenetta*, ma ha scritto anche *La piccola fiammiferaia*, *La principessa sul pisello*, *Il soldatino di piombo* e tantissime altre fiabe);
- percepire l'energia del quartiere multietnico di **NØRREBRO**, in particolare di **JÆGERSBORGGADE**, la via più cool della città, popolata da caffè, boutique alternative, negozi di design e artigianato... In due parole: creatività ed ecosostenibilità al primo posto;
- visitare la "città libera" di **CHRISTIANIA**: probabilmente non è più quella zona franca (e fricchettona) che era negli anni Settanta, ma resta un *world apart* che merita di essere conosciuto;
- assistere al cambio della guardia (ogni giorno alle 12) presso **AMALIENBORG**, la residenza della famiglia reale;

- ammirare **DEN SORTE DIAMANT**, il Diamante nero, la parte più recente della Biblioteca Reale di Copenaghen, un edificio ultramoderno di granito nero che ospita sei sale di lettura, tre musei, un auditorium, una caffetteria, un ristorante, un bookshop e una terrazza panoramica;
- rilassarsi a **NYHAVN**: con le sue casette colorate, le barche ormeggiate e le persone che passeggiano o sorseggiano un caffè è il luogo ideale per fare una pausa da... tutto!

QUINTA TAPPA: STOCCOLMA
2 GENNAIO (QUARTO "GIORNO DI VIAGGIO")

La capitale svedese, la città più *gay friendly* d'Europa, mi dà il benvenuto con un tiepido sole che illumina gli eleganti edifici in mattoni rossi e brilla tra i canali. E che tramonta già alle 15. Tramonta-tramonta, intendo: roba che a metà pomeriggio è tutto buio, con i negozi che accendono le insegne e le luci neanche fossimo a mezzanotte. Questo in inverno, perché in estate è il contrario: il sole non tramonta mai!

Ecco la mia lista delle 9 cose da fare in questa città:

- prendere la **METROPOLITANA** a Stoccolma non significa semplicemente spostarsi da una parte all'altra della città: vuol dire far parte di un'opera d'arte in movimento! La fermata di Kungsträdgården sembra un sito archeologico, con statue, lampioni, colonne e altre tracce di una Stoccolma che non c'è più; Hallonbergen è tappezzata di riproduzioni di disegni realizzati da bambini; a Stadion, la "stazione rainbow", puoi farti fotografare sotto uno splendido arcobaleno... Ma sono tutte pazzesche: un "tour sotterraneo" costa poco più di 4 euro e ne vale veramente la pena;

- godersi una **FIKA** svedese, che non significa quel che potreste pensare, ma è un vero e proprio rito, un momento di pausa e di pace tra un impegno e l'altro da condividere con amici e colleghi. Generalmente è a base di caffè e *kanelbullar*, dolci tipici alla cannella;
- visitare il **MUSEO DEGLI ABBA**, e non aggiungo altro;
- perdersi per **GAMLA STAN**, uno dei centri storici meglio conservati (e più fiabeschi) d'Europa;
- salire a bordo di un galeone restando sulla terraferma: il **MUSEO VASA** ospita una nave affondata nel 1628 (il giorno stesso dell'inaugurazione), rimasta in fondo al mare per oltre trecento anni e perfettamente restaurata;
- utilizzare il proprio cellulare per cambiare i colori delle luci che illuminano gli ultimi dieci piani della **TELEFONPLAN**, una torre alta oltre 70 metri, in passato sede della Ericsson;

- godersi la *view* dalla **PISCINA** a sfioro con acqua bollente al nono piano del Downtown Camper Hotel;
- impossibile non visitare o quanto meno non sostare davanti alla **STADSHUSET**, il Municipio, famoso non tanto per la sua bellezza (e per la torre che si può vedere da ogni angolo della città) quanto per essere il luogo dove si tiene la cerimonia di consegna dei premi **NOBEL**;
- godersi il tramonto (in inverno, alle 3 di pomeriggio, ricordatevelo!) dall'**OBSERVATORIELUNDEN**, l'osservatorio astronomico.

SESTA TAPPA: OSLO
4 GENNAIO (QUINTO "GIORNO DI VIAGGIO")

Sognavo di visitare Oslo da tantissimo. Infatti quando sbuco fuori dalla stazione sono sinceramente emozionato. Perché? Finalmente ho l'occasione di visitare il **MUSEO** del mio artista preferito in assoluto, **EDVARD MUNCH** (quello dell'*Urlo* per intenderci). Non so perché lo amo così tanto, ma mi affascina sin da quando sono piccolo. E finalmente ho l'opportunità di vedere tutte le sue opere. Incredibile.

Dopodiché... ecco le 9 cose da fare a Oslo (oltre a Munch e nonostante il brutto tempo):

- passeggiare per **TELTHUSBAKKEN**, una delle vie più caratteristiche della città con tutte quelle casette in legno di fine Settecento che fanno molto villaggio delle fiabe;
- contare le 212 sculture tematiche disseminate nel **PARCO VIGELAND**;
- visitare la "piccola" **CATTEDRALE**, ammirando in particolare le vetrate e gli affreschi sui soffitti;
- salire sulla **TERRAZZA DEL TEATRO DELL'OPERA E DEL BALLETTO** e contemplare da un lato il fiordo con le casette colorate, dall'altro il centro storico e, oltre, le colline che abbracciano la capitale;
- immergersi nella storia passeggiando per i vicoli del **MUSEO DEL FOLKLORE**;
- già che siete sulla **PENISOLA DI BYGDØY**, godersi gli altri musei (il Viking Ship Museum, il Fram Museum, dedicato alla nave più resistente al mondo, il Kon-Tiki Museum, che ospita imbarcazioni e oggetti utilizzati nelle spedizioni dell'antropologo Thor Heyerdahl) e soprattutto il mare;
- se Munch non vi basta, potete fare un salto in questa galleria, nelle ex scuderie del Palazzo Reale: **QUEEN SONJA ART STABLE**;
- a differenza degli altri Nobel, quello per la Pace si assegna a Oslo, al **CENTRO NOBEL PER LA PACE**;
- vivere la vita notturna a **KARL JOHANS GATE**.

SETTIMA TAPPA: TRONDHEIM
7 GENNAIO (SESTO "GIORNO DI VIAGGIO")

È la terza città della Norvegia, la più a nord. E lo capisci subito, specie se come me viaggi sul classico treno norvegese ("classico" che vuol dire puntuale e pulito, con tanto di Kids Zone, una zona gioco per i bambini!) e ci arrivi in pieno inverno, realizzando che hai davvero **tre ore di luce** a disposizione. Ma questo non significa che non ci sia niente da fare, tanto più che Trondheim è una città universitaria, nonché la capitale tecnologica della Norvegia.

Ed è proprio con questo che potete cominciare il vostro giro della città in 9 tappe:

- fare un salto alla **NORWEGIAN UNIVERSITY OF SCIENCE AND TECHNOLOGY**, la più grande università del Paese;
- fermarsi sul ponte **GAMLE BYBRO**, da dove ammirare gli edifici della città vecchia e gli antichi magazzini che si affacciano colorati e ordinati sul fiume Nidelva. Avete presente Burano? Ecco, me l'ha ricordata. Con la differenza che Trondheim è innevata e per strada non c'è nessuno! Comunque spettacolare;
- godersi la città dall'alto della **FORTEZZA DI KRISTIANSTEN**;
- fare una passeggiata (resa più golosa da una cioccolata calda) nel quartiere di **BAKKLANDET**;

- mangiare **SALMONE** o altro cibo *local* in questa che è considerata la capitale gastronomica del paese (ma occhio ai prezzi, la Norvegia è carissima anche per chi è cintura nera di risparmio!);
- farsi una foto davanti alla **STATUA DEL VICHINGO**, che celebra i tanti norvegesi che hanno preso la via del mare verso il Nuovo Mondo;
- visitare, specie se siete appassionati di musica, il **ROCKHEIM**, il sorprendente museo di musica contemporanea (norvegese e non);
- ammirare la **CATTEDRALE DI NIDAROS,** una delle chiese più importanti della Norvegia;
- fotografare la **STIFTSGÅRDEN**, il palazzo reale, l'edificio in legno più grande di tutta la Scandinavia.

OTTAVA TAPPA: BODO
8 GENNAIO (SETTIMO "GIORNO DI VIAGGIO")

Dopo aver visitato Trondheim, mi dirigo verso Bodo a bordo di un treno notturno, esaurendo così il mio ultimo giorno di viaggio. La prenotazione per il posto in cuccetta costa circa 30 euro. Non sono pochi, ma voglio assolutamente provare l'ebbrezza di pernottare in un treno nel mezzo del bianco scandinavo. E poi, specie se comparato ai treni italiani, li merita tutti: anzi 30 euro sono quasi pochi! I letti sono comodi e ci sono tutti i comfort di cui abbiamo bisogno, compreso un buon panino al salmone norvegese.

Tra Trondheim e Bodo ci sono circa 13 ore di viaggio, che io trascorro per lo più dormendo beatamente, **cullato dal rumore dei binari**. Se ad alcuni dà fastidio, a me rilassa, tanto che a casa ho una lampada da atmosfera che lo riproduce. Così mi sembra sempre di essere in viaggio.

Insomma, queste ore notturne volano e quando riapro gli occhi siamo già a Bodo. Fa freddo, 10 gradi sottozero, non c'è anima viva. Adoro.

Questa nel luogo più a nord raggiungibile in treno è davvero una tappa particolare.

Quassù la città conta poco: è il contorno (la natura) che fa la differenza.

Il cielo immenso. Il Mare del Nord. I fiordi che penetrano nel granito. I laghi ghiacciati. Le distese innevate. Le renne bianche che attraversano la strada. I gabbiani che volteggiano distanti, sopra i pescherecci. Il silenzio. Il vento.

Fondamentalmente qui non c'è nulla, anzi c'è *il* nulla, che è pieno di emozioni.

Al costo di 20 euro a notte, pernottiamo in un Airbnb un po' particolare. O meglio, particolare è l'*host*, la persona con cui condividiamo l'appartamento.

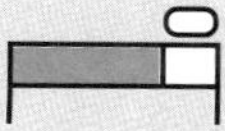

DORMIRE LOW COST

In rete si trovano diversi modi per prenotare un alloggio comodo ed economico. Vi propongo i principali, sui quali potete fare sicuro affidamento.

AIRBNB

È una piattaforma che consente di affittare camere o appartamenti privati. Funziona così: paghi l'affitto per una stanza o l'intero appartamento al cosiddetto *host*, ovvero qualcuno che decide di metterti a disposizione la sua abitazione per un periodo limitato di tempo. È molto semplice. Ed economico. Certo, non hai i servizi di un hotel, ma hai la tua stanza o il tuo appartamento, e sei libero di farci quel che vuoi (a parte fare danni!). Inoltre sei garantito dalle brutte sorprese, dato che sul software trovi tutte le info di cui hai bisogno (le foto dell'alloggio, la posizione, le dotazioni) e un sistema di valutazione basato sulle recensioni di chi in quel posto c'è già stato e può dirti se è pulito, rumoroso, ben collegato. Altro aspetto positivo è che puoi fare tutto tramite app (dalla ricerca allo scambio di messaggi con l'*host*, fino alla finalizzazione della prenotazione).

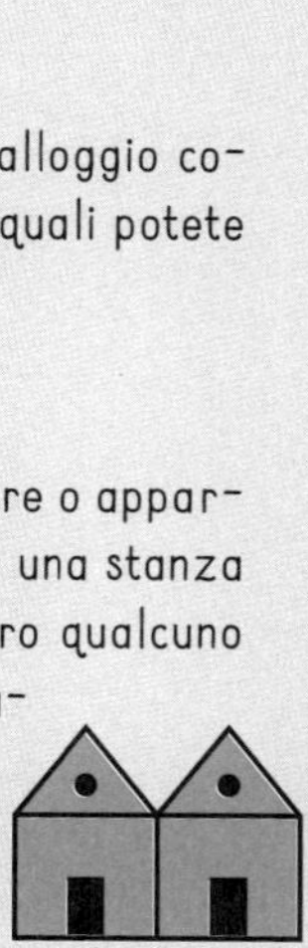

COUCHSURFING

Non l'ho mai sperimentato ma ne ho sentito tanto parlare e sono molto curioso. Grazie a questa piattaforma (che è anche una filosofia di vita) puoi ospitare viaggiatori a casa tua (generalmente sul divano, il *couch* – da cui il nome) ed essere a tua volta ospitato a casa loro in modo totalmente gratuito. Al di là della gratuità, ci sono altri aspetti positivi di questo sistema: permette di conoscere persone e di vivere con loro nel loro ambiente, ha pochi vincoli (non sei nemmeno obbligato a ospitare a tua volta, anche se questo significherebbe andare contro la filosofia del sito) e non si corrono rischi dato che gli utenti hanno un profilo pubblico e possono cercare persone che li ospitano in base a parametri come l'età, il genere, la percentuale di risposte alle richieste di ospitalità e, ovviamente, le *reference* (le recensioni di altri utenti).

HOSTELWORLD

È il sito che ho utilizzato per prenotare gli ostelli durante i miei Interrail. Ha funzionato benissimo, perciò lo consiglio. Ma a una condizione: che siate disposti a dormire in ostello. Che è tutt'altra cosa che stare in hotel. Dal punto di vista delle comodità ma soprattutto dello spirito. Anche se ormai ce ne sono di tutti i tipi, con tanto di stanze singole e arredamenti all'ultimo grido, stare in ostello vuol dire stare in un posto semplice, senza fronzoli, al cento per cento coerente con il vivere *gypsy*. Poca spesa e tante occasioni per fare amicizia e scoprire un mondo fatto di viaggiatori.

Prima di prenotare avevo controllato le recensioni ed erano tutte positive, della serie: “Vai da lui, è fantastico, ha una casa pulitissima e ti farà divertire”.

Ugualmente non sapevo cosa aspettarmi. Di sicuro non un signore sulla settantina. Soprattutto non uno così fuori di testa!

John – un caso che si chiami come me? – ha sì settant’anni, ma dentro ne ha al massimo quindici! E ha molta più energia di me, che raggiungo la mia ultima tappa con la paura di non riuscire a vedere l’aurora boreale.

Ho visto le previsioni, fanno schifo. Pioggia. Neve. La potenza dell’aurora sotto i piedi, insomma bassissima.

→

Non ho perso le speranze ma confesso che sono già nel *mood* "ok, vorrà dire che ci ritornerò".

←

Intanto, prima di cominciare ufficialmente la caccia, faccio qualche escursione per vedere e toccare con mano i paesaggi norvegesi, e confesso che non mi sono mai sentito così Elsa come in questo momento. Qualsiasi cosa tocchi si congela (ok, non grazie a me, però fa figo lo stesso immaginarlo). Ci sono neve e ghiaccio ovunque. La temperatura è molto bassa, probabilmente la più bassa che io abbia mai incontrato in vita mia (in fondo vengo dalla Calabria, dove al massimo piove, esagerando, a gennaio). Però è un freddo pungente ma sopportabile, che non mi impedisce di esplorare.

Oltre che inseguire la *street art* di Bodo (all'ufficio turistico c'è una mappa che vi consente di trovare tutte le opere!), con John andiamo a **SALTSTRAUMEN**, un piccolo stretto con la corrente oceanica più forte del mondo. È un fenomeno spettacolare, che si ripete ogni sei ore tra l'isola di Straumoya e la terraferma, a una decina di chilometri da Bodo. Una cosa incredibile: 400 milioni di metri cubi di acqua che defluiscono attraverso lo stretto a 40 km/h, creando dei vortici larghi anche dieci metri. Insomma, la natura alla massima potenza.

Fantastico.

Ma la mia testa è sempre lì, all'aurora.

NONA TAPPA: L'AURORA BOREALE

Trovarsi oltre il Circolo polare artico non significa essere sicuri di vedere l'aurora boreale. Ci sono diversi fattori che devono giocare a tuo favore: non deve nevicare, il cielo dev'essere limpido e ovviamente la potenza di Aurora (mi piace chiamarla così!) deve essere alta; per capire quanto, ci si può affidare a un'app, **MY AURORA FORECAST**, che ti manda una notifica nel momento in cui ci sono possibilità di vederla danzare nel cielo. Be', nei tre giorni che trascorro a Bodo non ricevo nessuna notifica. Perché di probabilità non ce ne sono. Stando all'app e agli **AURORA HUNTERS**, esperti e appassionati che ti aiutano a spostarti assecondando gli spostamenti dell'aurora, avrei dovuto trasferirmi in Svezia. Invece passo tre notti intere con lo sguardo all'insù e l'unica cosa che scorgo è il riflesso di un ragazzo disperato che vede il suo sogno svanire.

A dire il vero, John mi aveva avvertito fin dal primo giorno: "Ascolta, te lo dico da subito, so come funziona questo fenomeno, non illuderti, non la vedrai". Io pensavo scherzasse, un po' come quelli che ti punzecchiano per farti arrabbiare inutilmente. Invece aveva ragione e il mio sogno di vedere l'aurora boreale svanisce in un cielo nuvoloso della Norvegia.

Ma mi riprometto di tornare, di prendermi la mia rivincita.

→

Intanto a darmi forza è l'esperienza che ho vissuto, l'aver viaggiato in treno e visitato tante città, l'aver visto e conosciuto persone e luoghi diversi in così poco tempo.

←

Ora vi starete chiedendo: ma come diamine sei tornato in Italia? Tranquilli, non ho rifatto lo stesso percorso, anche perché avevo esaurito i giorni di viaggio del mio Pass Interrail.

Per il ritorno ho optato per l'aereo, con tre scali (Bodo-Oslo, Oslo-Copenaghen, Copenaghen-Milano).

E sono tornato a casa il 12 gennaio con la fatidica domanda: prima o poi riuscirò a vedere Aurora?

TAPPE PRINCIPALI

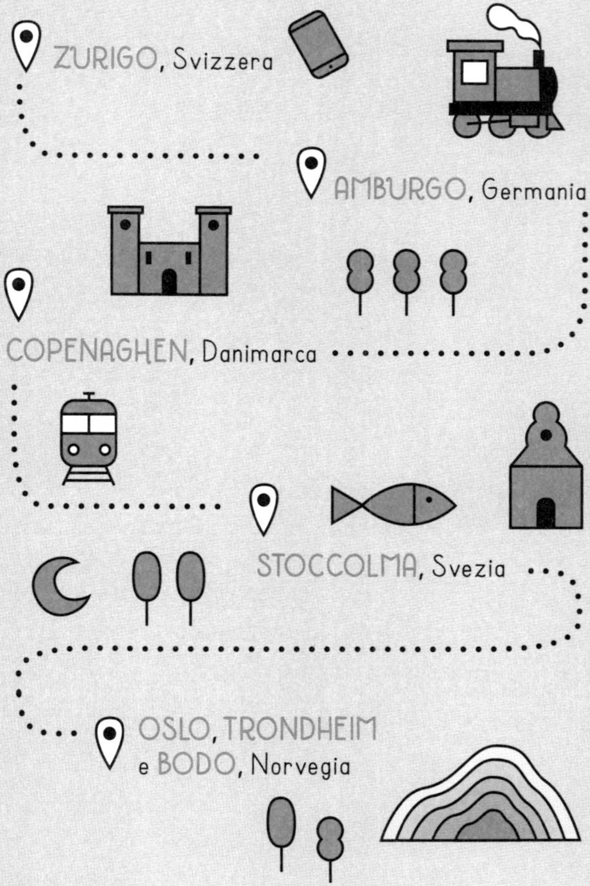

PLAYLIST

Moon – Kid Francescoli

Buttercup – Jack Stauber

New Romantics – Taylor Swift

Riptide – Vance Joy

Renee – Sales

Deja Vu – Olivia Rodrigo

Train – Hey Soul Sister

Train Wreck – James Arthur

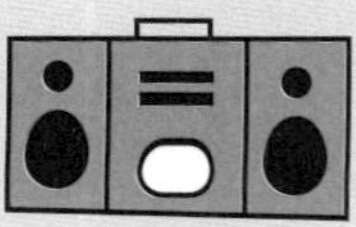

Fake Love – BTS

CHECK-LIST

- ◯ zaino da 35 litri e lucchetto
- ◯ il Pass sempre con voi (magari assieme a soldi e documenti in un portadocumenti da viaggio da appendere al collo o mettere nel marsupio)
- ◯ adattatore elettrico universale
- ◯ batteria di scorta per il cellulare (con il freddo si scaricano più rapidamente)
- ◯ beauty da viaggio (dentifricio, spazzolino, deodorante, crema per le mani...) in versione mini.
- ◯ tappi per le orecchie
- ◯ cerotti antivescica
- ◯ passamontagna
- ◯ sacco a pelo (ideale per il couchsurfing)

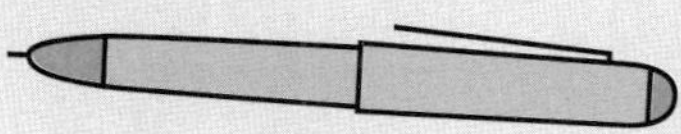

IL MIO INTERRAIL

Scrivi le tappe nella tabella e crea il tuo viaggio

GIORNI DI VIAGGIO

Data della PARTENZA

_ _ / _ _

Data del RITORNO

_ _ / _ _

GIORNO	ORA	STAZIONE DI PARTENZA

STAZIONE DI ARRIVO	TIPOLOGIA DI TRENO	NOTE

5

VIAGGIARE INSIEME A SCONOSCIUTI

Semplificando un pochino, si potrebbe dire che esistono due tipi di viaggiatori: quelli che preferiscono muoversi per i fatti loro e quelli che si muovono in gruppo.

Ogni tipologia ha i suoi pro e i suoi contro.

Per esempio, il **viaggiatore solitario** fa amicizia *on the way* – conoscendo persone alle quali magari in altri contesti non avrebbe mai rivolto nemmeno la parola –, è responsabile solo per se stesso e può cambiare piano ogni volta che vuole. E la sensazione che prova al termine della giornata, quando si butta sul letto e ripensa a quel che ha visto e vissuto, alla soddisfazione di esserserla cavato da solo, è senza dubbio una delle migliori. Allo stesso tempo, però, a volte non ci sarebbe niente di meglio che poter condividere con altri i pensieri e le emozioni, oltre che gli eventuali imprevisti lungo il cammino.

Chi viaggia in gruppo ha la fortuna di spostarsi con

amici, persone con cui sta bene e dalle quali sa (più o meno!) cosa aspettarsi. E non c'è niente di più bello che ritrovarsi tempo dopo a ricordare quel luogo, quell'incontro o quel panorama. Allo stesso tempo, però, ognuno guarda il mondo dal suo punto di vista ed è sempre complicato mettersi d'accordo, anche solo su budget o tempistiche del viaggio.

In realtà, nella mia (forse breve, ma di sicuro intensa) esperienza ho scoperto che esiste una via di mezzo tra queste due tipologie.

E questa via di mezzo è rappresentata da chi viaggia con degli sconosciuti, cioè da **chi parte da solo e si ritrova inserito in un gruppo**.

Com'è possibile?

Grazie ad **agenzie** (WeRoad, Meeters, per fare solo un paio di nomi, ma in rete se ne trovano parecchie) che mettono in contatto gli aspiranti viaggiatori oppure organizzano direttamente il viaggio.

Come funziona?

1. L'agenzia propone l'itinerario;
2. mette insieme le persone che desiderano partecipare;
3. stabilisce tappe e luogo di partenza;
4. durante il viaggio mette a disposizione un coordinatore che si occupa della logistica e di ogni necessità.

Con quale risultato?

→

Fai il viaggio che volevi, scoprendo un nuovo posto e soprattutto nuove persone che – se tutto va bene – diventano poi nuovi amici.

←

E basta?

No, ci sono diversi altri aspetti positivi.

Prima di tutto **economici**, dato che viaggiare in gruppo significa suddividere le spese tra i vari componenti. In più, l'agenzia può godere di accordi con hotel, ristoranti, servizi di trasporto, può avere partnership con tour operator locali e accedere a molte più offerte rispetto a un viaggiatore singolo. E gli aspetti positivi non sono ancora finiti. Per esempio, nel gruppo ciascuno ha un **ruolo**: c'è chi parla bene la lingua del posto, chi cucina, chi è ingegnoso come MacGyver... quindi si riesce agevolmente a far fronte a ogni imprevisto.

Infine, cosa di non poco conto, se visitiamo un Paese straniero in compagnia di sconosciuti siamo costretti a adattarci, e a tirare fuori le nostre migliori risorse (arrivando a scoprire caratteristiche di noi stessi che magari ignoravamo).

Lapponia

(ovvero AURORA 2.0: sarà la volta buona?)

Febbraio 2021, l'Italia è di nuovo in *lockdown*, ogni regione con colori, e quindi limiti, diversi. C'è chi è rosso, chi arancione, chi giallo scuro, chi bianco e infine c'è chi ha una gran voglia di tornare a viaggiare.

Ormai non vado all'estero da più di un anno, l'ultima volta è stata in Norvegia. Ma in questo momento non ci si può proprio muovere, è già tanto se possiamo uscire di casa.

Finché, inaspettata, arriva la notizia bomba: la Svezia apre i confini ai turisti che fanno un tampone e risultano negativi.

Questa novità fa il giro di tutte le compagnie di viaggio, che iniziano a organizzare i primi **tour in epoca Covid**.

→

Viaggiare durante una pandemia mondiale? Ritornano le solite voci, i "Sei fuori di testa" e via dicendo, ma se si può fare ed è legale l'unico suono che mi interessa è il clic del mouse sul volo selezionato.

←

Per me, poi, andare in Svezia, precisamente in Lapponia (che si estende nel Nord di tutta l'area scandinava, e comprende anche una penisola della Russia), ha un significato tutto particolare. Non solo rappresenta il primo viaggio all'estero dopo un anno di *lockdown*, ma è l'occasione per prendermi la mia rivincita con l'aurora boreale.

Stavolta "ci credo molto di più", come continuo a ripetere e ripetermi, sperando che le lacrime di delusione che il cielo totalmente grigio della Norvegia mi aveva fatto versare diventino lacrime di gioia davanti alla luce verde del cielo svedese.

Soprattutto, stavolta non viaggio da solo (ma non sono nemmeno con amici e neanche con i membri della mia community): per la prima volta nella mia vita parto con persone che non conosco. E non ho assolutamente idea di cosa mi aspetti. Tuttavia, l'ansia di viaggiare in piena pandemia è maggiore rispetto a quella di viaggiare con degli sconosciuti, così mi butto. Confidando sul fatto che amo le persone, e in genere le persone che amano viaggiare hanno un modo di pensare e un carattere simili.

Ci siamo conosciuti su WhatsApp un mesetto fa, sono tutti più grandi, trenta-trentacinque anni, io sono l'unico sotto i venticinque. Ma sembrano molto simpatici e soprattutto hanno una gran voglia di oltrepassare il confine italiano, proprio come me.

Il giorno della partenza ci troviamo in quattro a Linate, mentre due partono da Torino. La destinazione è la stessa, Stoccolma, la città dove – sbrigate le peripezie burocratiche necessarie per volare ai tempi di una pandemia globale – incontriamo anche gli ultimi due componenti del gruppo, tra cui Emanuele, il "tour leader" selezionato dall'agenzia, che si occuperà dell'organizzazione sul posto, dalle diverse attività alla gestione dei soldi.

Essendo la mia prima volta, all'inizio sono un po' preoccupato di risultare antipatico oppure di incontrare persone con cui non mi trovo a mio agio. Invece la nostra comune passione per i viaggi porta a superare ogni differenza. I miei compagni hanno i miei stessi interessi, i miei stessi ritmi: ci metto poco a sentirmi "a casa".

A Stoccolma restiamo un giorno soltanto, ma ci bastano pochi minuti per avere la sensazione di essere catapultati in un'altra dimensione, un luogo dove pare che la pandemia non sia mai esistita. Il fatto è che il governo svedese, contando anche sul carattere un po' meno "latino" dei suoi cittadini, poco inclini ad abbracci e strette di mano, non ha mai imposto un vero e proprio *lockdown*.

Per noi che veniamo dall'Italia è uno shock. Potete immaginarvi quando salgo sul taxi e mi rendo conto che l'autista è **senza mascherina**... Panico 2.0! Perché non la indossa? Io a momenti ne porto tre, e questo Samuel non ne ha neppure una?! Certo, qui non è obbligatoria. Ma non sono più abituato a tanta libertà.

Lo prendo come un buon auspicio e dopo aver trascorso la giornata a comprare le ultime cose e a rompere (metaforicamente) il ghiaccio con i miei compagni, ci sono, anzi ci siamo: il viaggio può finalmente entrare nel vivo.

La nostra meta è **KIRUNA**, la città più settentrionale della Svezia, 145 chilometri a nord del Circolo polare artico. Viaggiamo su un treno artico notturno, partenza al tramonto e arrivo circa 16 ore dopo.

È un treno moderno, pulito, c'è pure la doccia con tanto di asciugamani a disposizione e soprattutto un finestrino per osservare l'aurora nel caso ti prendesse alla sprovvista, comparendo mentre sei ancora in movimento.

La cosa buona di questo viaggio è che è tutto organizzato.

Cioè, a me piace pianificare, fa parte del mio carattere, è il mio modo di frenare le #giovansie e sfruttare al meglio i (pochi) soldi e il (poco) tempo che ho a disposizione. Ma a volte non è male seguire, lasciare che siano gli altri a decidere per te. Questo non significa farsi trasportare passivamente, ma al contrario vivere al cento per cento ciò che viene proposto.

Tanto più che qui non è che puoi troppo improvvisare. Per esempio, il **freddo**: è pazzesco, 15, 20 gradi sottozero, una roba che senti ovunque, ai piedi, alle mani, in faccia, dentro di te. Al punto che la prima volta che recupero dallo zaino la mia crema idratante scopro che è letteralmente ghiacciata.

E già mi vedo la pelle spaccata tipo lastra di ghiaccio quando si stacca dall'iceberg, se non fosse che una mano mi allunga un tubetto. La cosa sorprendente non è tanto il gesto in sé, quanto che a compierlo sia uno dei componenti più riservati del gruppo. Non che sia scontroso, ma è quello che se ne sta più per i fatti suoi. E mentre, ridendo, mi passa la sua crema mi rendo conto di una cosa.

→

Viaggiare con degli sconosciuti serve anche a non giudicare dalle apparenze, a lasciarti sorprendere non solo dai luoghi ma anche dalle persone.

←

In realtà "sconosciuti" lo siamo stati i primi attimi, le prime ore. Ma quando, prima di trascorrere la nostra prima notte "fuori dal mondo", facciamo un brindisi capisco che siamo già qualcosa di diverso.

Sarà che abbiamo gli stessi obiettivi e le stesse passioni, che quando affronti un'avventura simile timidezza e diffidenze svaniscono, ma percepisco che si è creato **un legame più profondo**.

E ne avrò conferma nei giorni seguenti, quando, in attesa che l'aurora compaia nel nuvoloso cielo del Nord, ci dedicheremo alle diverse attività organizzate dall'agenzia.

L'escursione in **SLITTA**, per esempio.

Prima di partire ti fanno tutto uno spiegone su come guidarla, e mentre sei lì che cerchi di capire quale pedale pigiare, quale corda tirare e via dicendo pensi: "Aiuto, è la fine...".

Poi i cani cominciano a correre, la slitta a scivolare, ed è una sensazione bellissima, di super libertà.

Solo che a un certo punto non so bene che succede. Siamo in curva e perdiamo il controllo. D'un tratto mi ritrovo prima per aria, poi con la faccia nella neve. Non è che cado: mi ribalto proprio, un volo assurdo! E mentre cerco di ricompormi sento i miei compagni ridere e prendermi in giro. Proprio come se fossimo un gruppo di tredicenni in gita di classe.

Oppure la visita all'**ICEHOTEL** di Jukkasjärvi, che è poi una delle mie tappe preferite di sempre.

A 14 chilometri da Kiruna c'è questo hotel (il primo al mondo) fatto interamente di ghiaccio, ricostruito ogni anno durante le stagioni più fredde dopo che si è sciolto nel periodo estivo, che pare proprio la copia in miniatura del castello di Elsa. Per visitarlo bisogna pagare 26 euro, parecchio, ma se pensate a quanto lavoro c'è dietro capirete che in fondo è un prezzo corretto. Anche perché le stanze non sono semplici "stanze": racchiudono sculture, percorsi artistici, addirittura una sauna...

E poi c'è l'ice bar, con i drink offerti in bicchieri gelati, e la cappella di ghiaccio, perché, sì, mentre in Italia c'è chi si sposa il 15 agosto, con un caldo così infame che gli tireremmo i sassi al posto del riso, qui capita il contrario, che ci si sposi tra i brividi e i denti che battono degli invitati.

O ancora quando tutti insieme ci godiamo l'incontro con alcuni rappresentanti dei **SAMI**, un popolo antico che abita da sempre questa zona (e tutto il Nord Europa).

Originariamente nomadi, quelli che io e miei compagni di viaggio abbiamo l'opportunità di conoscere sono più "moderni", più stanziali, infatti nessuno di loro vive nelle **KOTA**, le tradizionali capanne coniche trasportabili che abbiamo comunque la possibilità di visitare (e dopo aver dormito nel treno artico sinceramente un pisolino nella *kota* me lo sarei fatto). Nonostante qualche traccia di "modernità", mantengono un modo di vivere unico, un'identità e dei valori molto forti, oltre a... delle bellissime renne. Già, ce ne sono tantissime, ma nessuna si concede per una foto: a loro l'unica cosa che interessa è il muschio che gli offriamo.

Un altro momento particolare, di vera socializzazione, è quando mangiamo.

Da bravi italiani ci siamo portati dietro il pesto dalla Liguria, il salame dalla Calabria, i taralli dalla Puglia e lo spritz dal Veneto. Così ci troviamo nella cucina dello **SPIS HOTEL & HOSTEL**, l'ostello più economico di Kiruna, e ci mettiamo a cucinare pasta al pesto come se fossimo a casa nostra. Solo che siamo in Lapponia. Che è totalmente un'altra dimensione.

Lo facciamo per risparmiare (andare al ristorante,

quassù, è un attentato al conto in banca) e soprattutto perché ci divertiamo a cucinare e cenare insieme, manco fosse una scampagnata fuoriporta.

O ancora quando restiamo impantanati nella neve.

Stiamo viaggiando in direzione del **CARTELLO STRADALE** che segnala ufficialmente l'**INIZIO DEL CIRCOLO POLARE ARTICO** (già, cinque ore di auto per vedere un cartello: un viaggio un po' assurdo, che proprio per questo mi diverte un casino!) e una delle due macchine rimane bloccata sulla pista da sci di fondo che stavamo percorrendo. Ecco, in questo caso è proprio vero che l'unione fa la forza: spingere in gruppo permette alla macchina di ripartire e a noi di non morire congelati, riuscendo a ridere di un momento che altrimenti chissà come avremmo vissuto. (Tra l'altro, appena raggiungiamo il cartello, scopriamo che avremmo dovuto portarci dietro uno sticker da attaccare come ricordo, ma ovviamente non l'abbiamo. Va bene lo stesso, il ricordo ce lo porteremo via con noi.)

Ma l'attimo in cui si compie davvero la **trasformazione** è il momento in cui finalmente l'aurora boreale decide di fare la sua comparsa.

Quella sera, dopo aver cenato, siamo tutti in camera a farci i fatti nostri, quando all'improvviso arriva un messaggio dal nostro tour leader, Emanuele, che scrive: "Raga, penso stia arrivando...".

Lì per lì nessuno ci crede, convinti come siamo che, se proprio apparirà, lo farà a mezzanotte.

E invece poco dopo – sono le 21.00 – i cellulari suonano in contemporanea, tutti riceviamo la notifica, la stessa che Emanuele ha ricevuto pochi minuti prima. Il messaggio della app My Aurora Forecast è chiaro: "Se il cielo è limpido, la probabilità di vedere l'aurora è del 20%". Bassa come percentuale, ma bisogna considerare che è riferita a dove ci troviamo, cioè Kiruna, che di notte è comunque troppo illuminata.

Così senza perdere tempo ci fiondiamo nelle macchine e ci dirigiamo verso l'**ABISKO NATIONAL PARK**, il luogo prestabilito, uno dei migliori al mondo per ammirare l'aurora boreale, perché immerso nell'oscurità, a un'oretta di distanza da Kiruna. E in effetti, a mano a mano che ci avviciniamo, le notifiche continuano ad arrivare una dopo l'altra e la percentuale di probabilità di avvistamento aumenta sensibilmente, l'ultima è del 54%. Con un KP (l'indicatore di potenza dell'aurora) a 3,5: altissimo.

Una volta ad Abisko, spenta ogni luce, restiamo in silenzio, con lo sguardo rivolto verso il cielo. Sappiamo che non è facile vedere l'aurora, che c'è bisogno dell'oscurità più totale e che l'occhio umano non riesce a coglierla bene quanto l'obiettivo di una macchina fotografica.

POP-UP

L'aurora boreale è generata dall'incontro tra le particelle prodotte dal sole e la nostra atmosfera, che provoca un'emissione di luce di varie lunghezze d'onda, rosso, verde, azzurro (ok, magari è un po' più complicato di così, ma rende l'idea!).
Secondo una leggenda scandinava, l'aurora altro non è che la coda di una volpe artica che, correndo sulla neve, crea scie luminose.
È il fenomeno più imprevedibile del mondo, per cui non è detto che nel vostro viaggio riusciate a vederla, come io so fin troppo bene: quindi pensateci due volte prima di puntare tutto il vostro (costoso) itinerario su quest'unica esperienza!
Infine, sempre per la serie "tenete basse le vostre aspettative", ricordate che gli obiettivi delle macchine fotografiche sono più sensibili dell'occhio umano a questo fenomeno, perciò le foto che si trovano online non corrisponderanno a quel che poi vedrete dal vero...

Attendiamo. In silenzio. Con il viso rivolto all'insù.

Fino a quando cominciamo a vedere qualcosa che si muove, che **danza** sopra i nostri occhi. È lei, quella stronza che un anno fa mi ha fatto così penare!

È uno spettacolo pazzesco. Commovente. Emozionante.

Di quelli che ti prendono tutto il corpo, che vedi e che senti dentro.

Per me, poi, è una doppia soddisfazione, perché include anche la rivincita sulla delusione dell'anno scorso.

Per dieci minuti dimentichiamo il freddo, mettiamo da parte l'ipotermia.

→

**È notte.
Siamo 15 gradi sottozero
e stiamo realizzando un sogno.**

←

Piano piano le percentuali cominciano ad abbassarsi, l'aurora ha fatto la sua performance e ora si sta dirigendo verso l'Islanda.

Dopo una quarantina di minuti siamo pronti a rientrare in hotel. Con la luce che brillava nel cielo che ora brilla nei nostri occhi. Ce l'abbiamo fatta. E questo ricordo pazzesco sarà per sempre nostro, di questo gruppetto di sconosciuti che adesso sono diventati qualcosa di molto simile a degli **amici**.

Ricapitolando, quanto costa vedere l'aurora boreale?

Il mio viaggio è durato una settimana e qualche ora.

Per risparmiare ci siamo portati le scorte di cibo da casa.

In più non abbiamo mai mangiato fuori, ma abbiamo sempre fatto la spesa, dividendola per otto.

Abbiamo evitato gli hotel (infatti a Kiruna abbiamo soggiornato in ostello). E abbiamo viaggiato leggeri, senza borsoni che ci avrebbero costretti a pagare un sovrapprezzo.

Diciamo così, se uno vuole andare in Lapponia solo per vedere l'aurora può spendere 600/700 euro per una settimana. Includendo varie attività (oltre alla slitta trainata dai cani, noi abbiamo fatto un giro in motoslitta, abbiamo pescato – o almeno abbiamo tentato di farlo... – su un lago ghiacciato, abbiamo mangiato in stile *wild* davanti a un piccolo falò in mezzo al niente e siamo andati a cavallo) la cifra sale di molto, circa 1800 euro, che comunque, in uno dei Paesi più costosi d'Europa e forse del mondo, non è affatto male.

TAPPE PRINCIPALI

- Ritrovarsi (e conoscersi) nella capitale svedese, STOCCOLMA

- Spingersi nel profondo Nord di KIRUNA con il trenino artico

- Provare a guidare una SLITTA e fare esperienze "ghiacciate" in mezzo alla natura

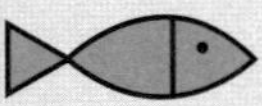

- Visitare l'ICEHOTEL

- Conoscere la popolazione SAMI

- Aspettare l'aurora boreale nell'ABISKO NATIONAL PARK

PLAYLIST

Hotel California – Eagles

Highway to Hell – AC/DC

Whole Lotta Love – Led Zeppelin

Born to be Wild
(dal film Easy Rider) –
Steppenwolf

Up – Olly Murs

Drive By – Train

Born to Run – Bruce Springsteen

Road Trippin' – Red Hot Chili Peppers

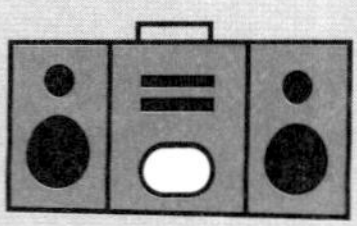

Buon viaggio –
Cesare Cremonini

CHECK-LIST

- ○ scaldamani e scaldapiedi a lunga durata
- ○ maglie e pantaloni termici
- ○ pila frontale (per muoversi nella notte)
- ○ burrocacao
- ○ crema idratante per viso e mani
- ○ scorte di cibo
- ○ scarponi imbottiti e impermeabili
- ○ attrezzatura fotografica
- ○ thermos con una bevanda calda

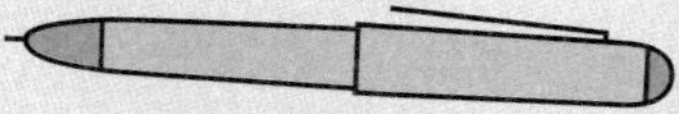

Budget

Cose che non so
(appunti e scarabocchi)

6

DARK TOURISM

Questo capitolo potrebbe sembrare una scelta un po' macabra, lo so. Ma, come ogni cosa, dipende da come si affronta.

Prima di tutto, bisogna chiarire che cosa si intende quando si parla di *dark tourism*.

Il primo ad analizzare questo fenomeno è stato un professore dell'Università di Londra, Chris Rojek, che nel 1993, a proposito di questo tipo di turismo verso posti legati a morte, tragedie e disastri, ha fatto una distinzione tra "luoghi nostalgici", che evocano il passato (cimiteri, catacombe eccetera), e "luoghi blackspot", legati a episodi di cronaca nera.

Col tempo, complice la crescente popolarità di questo genere di turismo, la ricerca si è arricchita di nuove articolazioni, distinguendo per esempio tra i **posti di rilievo storico** (il Colosseo, Pompei, i campi di concentramento), quelli in cui sono avvenuti **omicidi e altre efferatezze** (Cogne, il quartiere di Jack lo Squartatore a Londra) e quelli legati all'**intrattenimento adrenalinico** (gli edifici abbandonati).

La realtà è che il termine racchiude tantissime esperienze, tantissime tipologie di luoghi e soprattutto tantissimi approcci.

Ci sono quelli che ci vanno solo per poter dire: "Ci sono stato, l'ho visto coi miei occhi", quelli che sono appassionati di storia e quelli che ci si recano per imparare, per cercare di capire come funziona l'essere umano.

E poi ci sono i tanti, tantissimi che non faranno mai un'esperienza del genere, e che anzi la evitano a tutti i costi perché la reputano irrispettosa, morbosa e vouyeristica.

Infine ci sono io, che mi posiziono a metà tra chi non ne vuole sapere niente e chi ne è attratto.

→

Ciò che mi ha spinto verso viaggi di questo tipo è il fatto che i posti "dark" raccontano qualcosa di chi eravamo, permettendoci di capire chi siamo oggi.

←

Sono luoghi che, ricordando determinati avvenimenti del passato, permettono di riflettere a posteriori su ciò che è successo; e sono fuori dal tempo: non li si conosce davvero finché non ci si mette piede. Così, in qualche modo, in quel momento, sei tu che li fai rivivere.

E per farlo ho deciso di iniziare dal mio Paese, dove luoghi del genere non mancano di certo.

La mia prima esperienza di *dark tourism* è assolutamente alla portata di tutti, perché te la trovi (quasi) sotto il naso quando passeggi per il centro di Milano.

A pochi passi dal Duomo e dall'Università Statale, c'è il **SANTUARIO DI SAN BERNARDINO ALLE OSSA**.

Ci arrivi passando per l'omonima chiesa, un edificio piccolo, anonimo, specie se paragonato alla Basilica di Santo Stefano Maggiore, che è proprio lì accanto.

Una volta all'interno della chiesa, devi percorrere un corridoio stretto e scrostato, decorato con fiori finti ed ex voto impolverati (un toccasana per le mie #giovansie), al termine del quale sbuchi in questa cappella piena (ma piena piena) di teschi e ossa. Per terra, sui muri, nelle nicchie, sul cornicione che gira attorno alle pareti. Ossa vere, eh. Non riproduzioni, non sculture, non copie *made in China*. No, no, proprio crani, tibie e vertebre appartenuti forse ai cristiani uccisi ai tempi di Sant'Ambrogio, forse agli appestati di cui parla il Manzoni nei *Promessi Sposi* o molto più verosimilmente ai poveri morti sui paglericci del vecchio ospedale al quale la basilica era collegata, ai carcerati che non trovavano posto nel cimitero delle prigioni e ai nobili milanesi che riposavano (per l'eternità!) nei sepolcri delle chiese vicine.

Comunque sia, un'ansia assurda.

Ma in mezzo a tutta questa morte, alzi lo sguardo e sul soffitto trovi un affresco bellissimo (*Trionfo di anime in un volo di angeli* di Sebastiano Ricci, 1695). Un'immagine di pace e beatitudine che in questo contesto macabro ti disorienta ancora di più. Quasi kitsch.

Non lontano da Milano c'è un altro luogo che fa paura anche già solo a sentirne il nome: l'**ORRIDO DI BELLANO**.

Lo scopro casualmente, cercando su Google "un posto bello ma non invitante": un nome del genere non può non attirare un *serial traveler* come me.

Così monto in macchina, raggiungo la sponda orientale del lago di Como e arrivo a Bellano, uno dei tanti borghi che rendono l'Italia un Paese unico al mondo (dove il bello si nasconde ovunque!).

Tuttavia non sono qui per visitare il borgo ma per l'Orrido (che il poeta locale Sigismondo Boldoni aveva definito “orrore di un’orrenda orrendezza”), così pago l’ingresso e, superata la prima cancellata, mi inerpico verso la meta.

Si tratta di una stretta gola naturale, creata dallo scorrere incessante del fiume Pioverna, che percorri grazie ad alcune passerelle di legno fissate alla parete rocciosa e sospese nel vuoto. E mentre cammini su queste passerelle e attraversi la gola vedi cascate, specchi d’acqua e tanto verde da fare invidia a una foresta indonesiana.

Invece sei in una specie di canyon.

Cosa lo rende una meta “dark”?

Probabilmente perché sotto ai tuoi piedi avverti il rimbombo impetuoso e incessante del fiume che scava nella roccia mentre tutto intorno c’è un silenzio assoluto, quasi irreale. O perché ci sono anfratti, spelonche e marmitte che si aprono dove meno te lo aspetti. Di sicuro ci mette del suo l’edificio che sorge su una roccia del fiume, una specie di torretta abbandonata detta **CA’ DEL DIAVOLO** che non si capisce bene a cosa servisse, né perché l’abbiano costruita in un posto così inospitale. E questo non ha fatto che favorire la diffusione di leggende di ogni tipo, tutte ugualmente inquietanti, come quelle che parlano di riti e sacrifici satanici. A peggiorare la situazione, sui muri ormai rovinati ci sono tracce di dipinti, figure strane, mitologiche... Per fortuna, per ora, è vietato entrare: cosa si nasconde all'interno? Meglio non saperlo!

Fatto sta che è un posto bellissimo. Che una volta di più ci dovrebbe insegnare a non giudicare dal nome e dalle apparenze!

La terza meta che vi propongo in questo percorso nell'Italia dark si trova in Basilicata, in provincia di Matera, precisamente a **CRACO**.

Craco, o quel che ne resta, era un borgo medioevale che si è svuotato nella seconda metà del Novecento, quando gli abitanti si sono arresi e l'hanno abbandonato in blocco. Arresi a cosa? A secoli di terremoti e al progredire di una frana che negli anni Sessanta si era fatta troppo minacciosa.

Da allora Craco si è trasformato in un paese fantasma.

Percorrere le sue stradine silenziose, camminare tra le case abbandonate, sapere e in qualche modo sentire che in questi luoghi abitavano delle persone fa effetto. È un'esperienza misteriosa. Quasi lunare. E un po' spaventosa, soprattutto quando ti ritrovi nell'antica contrada Canzoniere, dove si racconta ci fosse una locanda gestita da una ragazza bellissima che prima seduceva i clienti, poi li uccideva e infine li cucinava, facendone poi il piatto forte del menù.

Ma l'inquietudine mi abbandona non appena raggiungo il punto più alto del paesino e osservo il panorama, il borgo in pietra ai miei piedi e più sotto la vallata. Uno scenario così bello che infatti ha trovato nuova vita (senza vite!) come set per video musicali e film (*Cristo si è fermato a Eboli*, *Basilicata coast to coast*, *La passione di Cristo*, per citarne solo qualcuno).

Ok, sì, questo fa davvero paura, altro che #giovansie.

Il **MANICOMIO DI MOMBELLO**, in provincia di Monza e Brianza, è un cult per gli amanti del genere.

Nato come dimora estiva di una ricca famiglia milanese e usato anche da Napoleone come quartier generale durante la campagna d'Italia, diventa manicomio nella seconda metà dell'Ottocento, quando il comune di Milano decide di trasferire i pazienti del manicomio cittadino all'interno dell'enorme dimora (un complesso di oltre un 700.000 metri quadrati tra padiglioni e giardini, cinto da un muro alto due metri e lungo tre chilometri).

Poi nel 1978, in seguito alla legge Basaglia, che impone la chiusura dei manicomi, comincia il suo progressivo smantellamento, ma l'eco delle sofferenze subite e perpetrate all'interno rimane (al tempo i trattamenti psichiatrici comprendevano elettroshock, sedie contenitive e altre "terapie" spesso più simili a torture)... Anzi, si potrebbe dire che l'eco di quella sofferenza è accentuato dallo stato di abbandono in cui versa tuttora la struttura.

Una volta che attraversi il giardino, che ormai è più simile alla foresta di *Hunger Games*, e ricevi il benvenuto da una scritta con lo spray, lasciate ogni speranza o voi che entrate, ti ritrovi direttamente in una puntata di *American Horror Story*.

A terra, nei corridoi, nelle celle e nelle stanze con le pareti scrostate, le finestre rotte e le macerie, c'è di tutto: mobili, radiografie, anche giocattoli, lettini sfondati. Il tutto in un silenzio carico di tensione, rotto da rumori improvvisi che ti fanno saltare su come un gatto.

E poi murales, graffiti e scritte tipo PARADISE sui muri, e la natura che si è ripresa il suo spazio con alberi e sterpaglia che invadono quasi ogni anfratto.

E mentre vai avanti in questo spazio immenso (oltre 40 mila metri quadrati, una specie di mondo-fuori-dal-mondo: così doveva essere al tempo, quando, manicomio più grande d'Italia, ospitava circa tremila pazienti, oltre al personale medico e amministrativo), non sai se incontrerai fantasmi o strane presenze, ma di sicuro ragni e insetti di ogni tipo. E altrettanto di sicuro sai che non prenderai mai le scale che conducono in basso, agli scantinati immersi nell'oscurità: va bene l'adrenalina ma l'ansia, qui, raggiunge livelli terribili, tipo che se fossi venuto di notte avrei avuto non uno, ma dieci infarti.

Ecco, queste sono le mie esperienze più significative in fatto di *dark tourism*.

Non sono tantissime. Per ora.

Così condivido con voi quelle che ho messo in agenda, che prima o poi mi piacerebbe fare. E, come al solito, vi lascio lo spazio alla fine del capitolo in modo che ve le possiate appuntare, e magari poi raccontarmele, qualora le visitiate prima di me.

Prima di tutto **CHERNOBYL**, teatro del più grave incidente nucleare della storia.

È il 26 aprile 1986 quando il reattore numero 4 della centrale nucleare ucraina esplode, il nocciolo fonde e la struttura protettiva collassa, e l'aria s'impregna di una quantità di polveri radioattive pari a cinquecento Hiroshima.

L'area è così fortemente contaminata che i suoi abitanti sono evacuati in massa (almeno chi riesce), e per anni resta completamente chiusa e abbandonata.

Ora, poco alla volta e con tutte le precauzioni del caso, stanno riaprendo. Praticamente nessuno è tornato ad abitarci, ma stanno comparendo i primi turisti. I tour, che in media costano sui 100 euro, partono da Kiev e consentono di visitare Pripyat, la città fantasma (con tanto di scuola abbandonata in fretta e furia e il parco dei divertimenti non ancora inaugurato).

Il tour è sicuro (almeno questo è ciò che dicono!), ma prima ti danno dei dispositivi per misurare radiazioni e tre regole: non toccare nulla, non sederti per terra e buttare via le scarpe una volta che hai finito.

Intanto mi accontento della serie tv *Chernobyl*, che descrive alla perfezione ciò che è accaduto, senza dubbio una delle mie preferite.

Un altro posto che vorrei visitare è l'**ISOLA DELLE BAMBOLE**, la Isla de las Muñecas, in Messico, 28 chilometri a sud della capitale.

Dire che è inquietante è poco.

Immaginate di trovarvi in una specie di giungla e che agli alberi di questa giungla siano appese (impiccate) centinaia di bambole. La leggenda vuole che l'installazione (chiamiamola così) sia opera di un contadino che, lasciate moglie e figlia e ritiratosi da eremita sull'isola, è impazzito dopo non essere riuscito a salvare una bambina dall'annegamento (anche se molti dubitano sia un fatto realmente accaduto) e da allora si è messo a recuperare e ad attaccare agli alberi bambole di tutti i tipi, meglio se senza braccia o senza occhi o proprio senza corpo.

Raggiungere l'isola non è semplicissimo. Da Cuemanco bisogna prendere un traghetto o una *trajinera* (tipica imbarcazione locale) per circa due ore. Di solito il prezzo dell'escursione è calcolato su base oraria e si aggira intorno ai 12 euro.

Le **CATACOMBE DI PARIGI** sono un altro luogo nella mia lista dei desideri.

Si tratta di un ossario che si estende per alcuni chilometri sottoterra e ospita i resti di circa 6 milioni di persone provenienti dai cimiteri e dalle chiese della città. Un labirinto di ossa e teschi a venti metri di profondità. Sopra la tua testa una delle capitali della moda, dell'arte... insomma della vita. Lì, sotto i tuoi piedi, la morte, il mistero, la storia. Un'atmosfera dark, senza ombra di dubbio.

Infine, con l'ultima meta in agenda torniamo in Italia, in provincia di Lecco, precisamente a **CONSONNO**.

Qui non c'entrano morti, bambole inquietanti o esplosioni nucleari: questo posto racconta il sogno di un uomo e il suo fallimento.

L'uomo è il Grande Ufficiale Mario Bagno, Conte di Valle Olmo.

Un imprenditore immobiliare che alla fine degli anni Sessanta si mette in testa di comprare l'intero borgo e di trasformarlo in un'incredibile città dei balocchi, una specie di Las Vegas brianzola.

E così comincia. Demolisce quel che resta del borgo a eccezione della chiesa e del piccolo cimitero, e costruisce ristoranti, una balera, un albergo di lusso, negozi e edifici che richiamano luoghi di ogni parte del mondo, a partire da un alto minareto.

Fa in tempo a inaugurarlo (con tanto di visita di Mina e Pippo Baudo) e a fare poco altro, perché nel 1976 una frana distrugge la strada d'accesso. Non è la prima volta che accade, ma questa è la classica goccia che fa traboccare il vaso e che ne decreta l'abbandono da parte sia dei turisti sia degli abitanti dei paesi limitrofi.

Restano palazzi abbandonati. Imbrattati di scritte e graffiti. Scheletri mai terminati. Frammenti di un sogno diventato un incubo.

Un discorso a parte meritano i **CAMPI DI CONCENTRAMENTO**.

Sono una meta del *dark tourism*. Ma sono una meta particolare.

Io sono stato in Polonia. Ed è stata una delle esperienze più forti che abbia mai vissuto.

Mentre ero lì non sapevo bene neppure cosa provavo. Rabbia, tristezza... un mix di emozioni che non riuscivo a contenere. Tutto troppo assurdo, tutto... troppo. Era come se mi fossi dissociato. E ancora adesso, quando ci penso, ho dei buchi di memoria.

→

La sola cosa che ricordo chiaramente è una frase alla fine del percorso: "Chi dimentica la storia è condannato a ripeterla".

←

Frase che ricorda un altro luogo straziante, il **MEMORIAL DI GROUND ZERO**, a New York, un luogo di silenzio assordante nella città che non dorme mai e che ti accoglie con la scritta WE WILL NEVER FORGET, non dimenticheremo mai.

TAPPE PRINCIPALI

- Cercare il paradiso tra i teschi di SAN BERNARDINO ALLE OSSA
- Lasciarsi sorprendere dalla bellezza dell'ORRIDO DI BELLANO
- Passeggiare per le strade disabitate di CRACO
- Rimanere sani (e non farsi venire un infarto) nel MANICOMIO DI MOMBELLO
- Vedere con i propri occhi ciò che non c'è più a CHERNOBYL
- "Giocare" con le bambole nella ISLA DE LAS MUÑECAS
- Esplorare le CATACOMBE DI PARIGI
- Scoprire ciò che resta del sogno di CONSONNO
- Immergersi nel silenzio assordante dei CAMPI DI CONCENTRAMENTO e di GROUND ZERO

PLAYLIST

Personal Jesus – Depeche Mode

Man in the Long Black Coat – Bob Dylan

House Where Nobody Lives – Tom Waits

The Great Below – Nine Inch Nails

Just Like Heaven – The Cure

The Passenger – Iggy Pop

Vicious – Lou Reed

Ashes To Ashes – David Bowie

Tonight Tonight – Smashing Pumpkins

CHECK-LIST

- [ ] una torcia potente
- [ ] telefono carico con una buona connessione (Gps) per non perdere l'orientamento
- [ ] abiti comodi e magari vissuti (visto il rischio di rovinarli)
- [ ] un taccuino per gli appunti
- [ ] una macchina Polaroid per creare un album fotografico dal sapore vintage
- [ ] un amuleto scaccia spettri
- [ ] del cioccolato per ritrovare il buonumore
- [ ] repellente per insetti di tutti i tipi
- [ ] un libro sulla storia del luogo prescelto

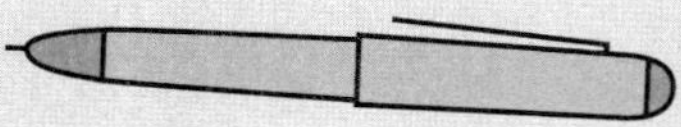

Budget

Cose che non so
(appunti e scarabocchi)

7

VIAGGIARE NEI LUOGHI DELLA FANTASIA

In tanti mi chiedono cosa mi spinge a viaggiare, se c'è qualcuno o qualcosa che mi ha ispirato.

La risposta è sempre la stessa: la musica.

Non c'è niente che abbia avuto un impatto altrettanto potente sulla mia vita e sulle mie scelte.

→

Ho cominciato a viaggiare per andare ai concerti. E ancora adesso basta una canzone per farmi viaggiare, prima con la mente poi, se possibile, nella realtà.

←

Ascolto *Empire State of Mind* di Jay Z e penso: "Cavolo, voglio ascoltarla mentre sto andando a New York".

Sento *London Boy* di Taylor Swift? Con la mente sono già lì.

Praticamente qualsiasi canzone parli di un posto mi fa venire voglia di andarci!

Già, non c'è niente come la musica.

Ma c'è qualcosa che ci si avvicina parecchio.

Le serie tv, i film e i cartoni della Disney.

Cioè, io sono cresciuto nella New York di *Friends*, *Sex and the City* e *Mamma, ho riperso l'aereo*, sulle coste atlantiche di *The Oc* e nei luoghi del Regno Unito che comparivano nel magico mondo di Harry Potter, e ho da sempre un amore incondizionato per la San Pietroburgo e la Parigi di Anastasia. E a un certo punto questa passione si è trasformata, diventando la molla per fare nuovi viaggi.

Col tempo ho scoperto che non sono l'unico. Anzi, ci sono un sacco di persone che come me evadono dalla realtà viaggiando alla ricerca di ambientazioni che hanno ispirato film e cartoni animati.

Ufficialmente si chiama **cineturismo** ed è proprio quel settore del turismo che porta a visitare:

- i luoghi in cui sono stati realizzati film e serie;
- i luoghi che hanno ispirato Disney e soci nella realizzazione dei loro lungometraggi animati.

Sono due esperienze un po' diverse: nel primo caso, vai sul posto per ritrovare le **vibes** del film, per rivivere le scene principali e in qualche modo sentirtene parte; nel secondo, sei tu che crei le **connessioni**, che vedi un posto e ti dici: "Cavolo, sembra di essere in quel cartone animato".

E a volte la somiglianza è così palese che non serve troppa fantasia. Per esempio, di recente sono stato alle Cinque Terre, in Liguria (a proposito, voto: 10), e non ci vuole molto a capire che Porto Rosso, il paese in cui è ambientato il film di animazione della Disney *Luca*, è un mix dei cinque paesini (Monterosso, Vernazza, Corniglia, Manarola, Riomaggiore), e il nome è la sintesi tra Monterosso e Porto Venere, che non fa parte delle Cinque Terre, ma quasi.

Ovviamente i posti sono moltissimi, tanti quanti sono i film e i cartoni.

Ne ho individuati 9 legati a lungometraggi animati (ovvero nove luoghi reali che hanno ispirato Disney & Co) e 9 legati a film (film stranieri ambientati in *location* italiane). Alcuni li ho visti di persona, altri, per ora, solo sullo schermo.

Entrare in un cartone animato

1. HALLSTATT
Austria / Regno di Arendelle (Frozen 2)

Protetto dalle montagne e affacciato sull'omonimo lago, Hallstatt è un posto da fiaba in sé, non a caso Patrimonio dell'Unesco dal 1997.

La somiglianza con il Regno di Arendelle è super suggestiva. Quando ci sono stato io, poi, sulle cime delle montagne e sui tetti c'era la neve, dall'acqua saliva il vapore… un cartone animato diventato realtà! Ma il legame con *Frozen* non è la sola attrattiva di questo piccolo paese. Né lo è la sua miniera di sale, una delle più antiche al mondo.

Il principale motivo della sua grande fama è che nel 2006 qui sono stati ambientati alcuni episodi della popolare serie sudcoreana *Spring Waltz*: da allora le sue strade sono invase da orde di turisti asiatici, soprattutto cinesi, che lo amano al punto da averne creato una replica in scala 1:1 nella provincia di Guangdong, sulla costa meridionale della Cina continentale.

D'altronde come dar loro torto: il lago da una parte (a proposito: se potete, fateci un giro in canoa!) e le Alpi dall'altra, il centro storico, gli chalet in legno e le case color pastello con i classici tetti spioventi lo rendono uno dei posti più instagrammabili del mondo.

Come arrivare ad Hallstatt dall'Italia? Non è difficile, anzi! Il modo più economico è il treno notturno Milano-Salisburgo, che, prenotato con il giusto anticipo, potrebbe costarvi anche solo 20 euro (quindi affrettatevi!). Una volta a Salisburgo, dovrete prendere un treno regionale, con un cambio a Attnang-Puchheim. E non è finita qui. Successivamente salirete a bordo di un mini vaporetto che vi porterà sulle rive di Hallstatt. Ed è in quel momento che vi potrete finalmente trasformare in Elsa.

2. IL CASTELLO DI CHILLON
Veytaux, Svizzera / Castello del principe Eric (La Sirenetta)

Il castello sorge sulle rive del lago di Ginevra ed è costituito da cento edifici indipendenti che nel tempo sono stati uniti, divenendo appunto un'unica fortezza. È l'edificio antico più visitato della Svizzera. E a ragione. Il lago e la natura che lo circonda sono una boccata zen, e dentro, superato l'ingresso principale, è come entrare in un quadro di Escher con i vari edifici che si incastrano l'uno nell'altro, collegati da passerelle di legno o affacciati sull'acqua, ognuno diverso: si va dai saloni affrescati alla roccia viva... E al tramonto è veramente *something else*.

Già che ci siete, vi consiglio di fare un giro a **MONTREUX**, soprattutto se siete appassionati di Freddie Mercury: qui ha vissuto ("*If you want peace of soul, come to Montreux*" ha detto) e qui, a decorare il lungolago, c'è una sua statua in bronzo, sempre addobbata di fiori lasciati dai fan.

Come arrivare al castello da Milano? È molto semplice, basterà raggiungere Montreux in treno (ma anche in bus), e poi prendere un piccolo treno regionale per Veytaux-Chillon. Stavolta niente vaporetto!

3. IL CASTELLO DI NEUSCHWANSTEIN
Schwangau, Baviera, Germania / Castello di Walt Disney

Avete presente la sigla dei film Disney, con la sagoma del castello?

Non lo descrivo neanche, tanto sono sicuro che chiunque, chiudendo gli occhi, riesca a visualizzarlo.

Riporto solo qualche curiosità.

- Il castello di Neuschwanstein è stato costruito nella seconda metà del XIX secolo per volontà di re Ludwig II di Baviera.
- Ludwig era un sovrano particolare, in questo simile all'amata cugina, la principessa Sissi, che infatti lo aveva soprannominato "re delle favole". È diventato sovrano ad appena diciotto anni e mentre il suo regno era alle prese con passaggi epocali (guerre, perdita dell'indipendenza bavarese) si era rifugiato in un mondo fantastico in cui l'arte aveva un ruolo fondamentale. Amato dal popolo e (forse per questo) detestato dai politici, venne dichiarato pazzo e interdetto nel 1886. E dopo appena un giorno dalla destituzione fu trovato morto in circostanze misteriose.
- L'edificio è stato tra i candidati a diventare "settima meraviglia del mondo moderno" (su un'iniziativa della società svizzera NOWC in occasione delle Olimpiadi di Sidney del 2000).
- Walt Disney lo usava come modello ogni volta che un suo lungometraggio animato aveva un castello come ambientazione (*La bella addormentata nel bosco*, ma anche *Biancaneve e i sette nani* e *Cenerentola*)
- Una sua riproduzione è presente in tutti i parchi Disney del mondo.

- Volendo, si può raggiungere in carrozza, esperienza che personalmente mi sono ben guardato dal fare, primo perché mi sarebbe dispiaciuto per i cavalli, secondo perché non avrei mai speso 20 euro per una roba del genere!

Quando ci sono stato purtroppo non sono potuto entrare, ma vale la pena vederlo anche solo dall'esterno, credetemi. Quanto agli interni, mi sono affidato alle foto trovate in internet e soprattutto alla fantasia: in questo caso è il minimo!

Come arrivare? Anche stavolta ho preso un treno notturno, ma invece che a Salisburgo sono sceso a Monaco di Baviera. Da lì si prosegue con un regionale fino a Füssen e poi in bus fino a un'area dedicata nei pressi del castello, che vi consiglio di raggiungere a piedi: è una faticaccia ma vi assicuro che ne vale la pena.

Queste prime tre ambientazioni le ho visitate di persona. Poi ci sono i ***To do***, i luoghi che per ora ho visto solo nei cartoni e dove spero di andare presto:

4. Arroccata in cima a uno sperone roccioso nel cuore della Spagna, l'**ALCÁZAR DE SEGOVIA** ha ispirato il castello sulla rupe della regina Grimilde in *Biancaneve e i sette nani*.

5. Le case colorate con i tetti in legno e le stradine intricate fanno di **RIQUEWIHR**, in Alsazia, uno dei borghi più belli di Francia. Non a caso ha ispirato sia Hayao Miyazaki per le ambientazioni de *Il castello errante di Howl* sia Disney per il paese di Belle ne *La Bella e la Bestia*.

6. L'incredibile **MONT SAINT-MICHEL** (Normandia, Francia), che a seconda della marea è isola o collina, e la sua fantastica abbazia hanno chiaramente influenzato i paesaggi del regno di *Rapunzel*.

7. Il castello dove vivono Merida e la sua famiglia (*Ribelle - The Brave*) rassomiglia moltissimo al **CASTELLO DI EILEAN DONAN** a Kyle of Lochalsh, forse il più famoso (e instagrammato) di Scozia.

8. Il **MACHU PICCHU**, culla della civiltà inca, in Perú, luogo sospeso tra terra e cielo e habitat dei miei amati alpaca, è il riferimento per il villaggio di Pacha de *Le follie dell'Imperatore*.

9. Il Palazzo dell'Imperatore che vediamo in *Mulan* è chiaramente ispirato alla **CITTÀ PROIBITA DI PECHINO**, residenza delle dinastie Ming e Qing, e per questo inaccessibile al popolo.

Quando Hollywood sceglie l'Italia

In questo caso, il processo è inverso a quello dei cartoni: non è la realtà a influenzare la fantasia, ma la fantasia a materializzarsi nella realtà.

1. *Call Me by Your Name* (2017)

La storia d'amore tra Elio e Oliver è ambientata nel Nord Italia, tra Bergamo, Sirmione e Crema.

E a **CREMA**, piccolo gioiello in provincia di Cremona, consiglio di fare un giro in piazza del Duomo: noterete immediatamente il rinascimentale Arco del **TORRAZZO**, originariamente porta d'ingresso della cittadella medioevale, che fa da sfondo alla scena in cui i due protagonisti sono seduti al tavolino di un bar. E poi c'è il **LAGHETTO DI RICENGO**, detto dei Riflessi, un piccolo specchio d'acqua nella campagna cremasca da raggiungere rigorosamente in bicicletta, proprio come fanno Elio e Oliver.

2. *New Moon*, secondo capitolo della saga di *Twilight* (2009)

Nel libro si parla di Volterra, ma il film è girato a **MONTEPULCIANO** per ragioni di convenienza e perché il suo centro storico e la campagna che lo circonda sono molto suggestivi (infatti hanno ospitato diversi film, come la serie tv sui Medici). Le riprese coinvolgono il **TEMPIO DI SAN BIAGIO**, capolavoro del Cinquecento toscano, la **CANTINA DEL REDI**, che risale al 1400 (wow!) ed è così suggestiva che, più che una cantina, sembra l'interno di una chiesa, e soprattutto il **PALAZZO COMUNALE**: è davanti al suo ingresso (e in **PIAZZA GRANDE**) che si svolge una delle scene più toccanti della storia, quando Bella salva Edward.

A proposito di Piazza Grande: la fontana che vedete nel film è stata costruita per l'occasione: non aspettatevi di trovarla!

3. *The Tourist* (2010)

Questo film con Johnny Depp e Angelina Jolie è ambientato tra Parigi e Venezia. Dove, a **VENEZIA**? Ecco alcuni posti che dovreste (ri)conoscere:

- la **STAZIONE SANTA LUCIA** è il biglietto da visita nonché l'unico accesso via terra alla città. Arrivi in treno, scendi dalla carrozza, percorri i binari, esci dalla stazione e davanti a te si apre lo spettacolo di un luogo unico al mondo;
- la **COLLEZIONE PEGGY GUGGENHEIM**, una delle raccolte d'arte più prestigiose non solo della città, non solo d'Italia, ma del mondo. Pazzesca fuori (il Palazzo Ve-

nier dei Leoni, con affaccio sul Canal Grande), ancora di più all'interno (oltre alla collezione permanente ci sono mostre temporanee e il bellissimo Giardino delle Sculture Nasher);

- il **MERCATO DI RIALTO** (dove termina la fuga di Frank sui tetti della città): pesce, ma anche frutta e verdura: non c'è niente di più pittoresco dei colori (e dei sapori) dei mercati italiani, specialmente di questo che vanta mille e passa anni di storia. Il fatto che si affacci sul Canal Grande rende il tutto ancora più affascinante;
- la **BIBLIOTECA MARCIANA**: nel film è l'ufficio della Polizia, nella realtà è una tappa imperdibile per chiunque passi da Venezia, e da Piazza San Marco in particolare. Al di là del materiale conservato (manoscritti greci e latini, mappe, atlanti e via dicendo), colpisce lo scalone che porta al primo piano e i disegni che decorano pareti e soffitti;
- l'**ARSENALE**: nel film è il quartier generale dell'Interpol, nella realtà è un gigantesco complesso di officine e cantieri dove i veneziani costruivano le navi con cui solcavano i mari fino all'estremo Oriente.

4. *Letters to Juliet* (2010)

Quando si parla di **VERONA** (dove il film è in gran parte ambientato) non si può non nominare la Casa di Giulietta.

Ora, mi spiace ricordarvelo, ma Giulietta è personaggio di fantasia. Non è mai esistita, né lei né Romeo né tutti gli altri. Ma la forza della sua storia e quel che rappresenta attirano ogni anno migliaia di turisti. Ovviamente tutti con gli occhi in alto, verso il celebre balcone dell'"O Romeo, Romeo, perché sei tu Romeo?". Per poi spostarsi sulle pareti del cortile, interamente ricoperte di scritte e frasi d'amore.

Non troppo lontano c'è **PIAZZA DELLE ERBE**, il cuore della città. È una piazza antica, tanto che si dice sorga sul Foro romano. E per prendersi un caffè o l'aperitivo con gli amici è la cornice perfetta (cornice nel senso letterale: tra edifici, torri e statue di stili diversi – ma combinati alla perfezione – è come trovarsi in un quadro senza tempo).

5. *House of Gucci* (previsto in uscita alla fine del 2021)

In questo film diretto da Ridley Scott, Lady Gaga interpreta Patrizia Reggiani, lady Gucci. Ovviamente le *location* sono tutte di un certo livello.

A partire da via dei Condotti a **ROMA**, la strada del lusso che collega via del Corso alla scalinata di Trinità dei Monti, fino ad arrivare a **MILANO**: Quadrilatero della moda, ovviamente, piazza Duomo, Scala e Galleria, poi via Palestro, dove Maurizio Gucci fu assassinato. E forse la più inaspettata, l'**UNIVERSITÀ DEGLI STUDI**, l'edificio in mattoni rossi nato come ospedale durante il Rinascimento, bello fuori e bello dentro, con i quattro chiostri rinascimentali (Ghiacciaia, Legnaia, Farmacia, Bagni) perennemente occupati da ragazzi e ragazze intenti a studiare o... a prendere il sole e chiacchierare. A proposito, nel cortile principale (del Filarete) c'è una statua di Minerva, la dea della sapienza: non guardatela negli occhi prima di un esame o rischierete di essere bocciati!

Infine, alcune scene del film sono state girate sul **LAGO DI COMO**, il più rinomato tra i laghi lombardi (insieme a Garda e Maggiore).

Se avete intenzione di programmare una gita in zona, voglio consigliarvi 9 località da non perdere: naturalmente **COMO** (col suo lungolago, il Duomo, Palazzo Terragni, grande esempio di "razionalismo" architettonico), **LECCO** (con le sue montagne), **VARENNA** (e le sue case colorate che si affacciano su lago), **BELLAGIO** (il paese più noto e instagrammabile, specialmente il suo centro storico), **SAN PRIMO** (leggermente in collina, permette di abbracciare lago e montagne con un solo sguardo), **COLICO** (con le sue acque basse e il fondale sabbioso è l'ideale per chi vuole provare ad andare in windsurf), **LAVEDO** (e la Villa del Balbianello, che è stata addirittura set per *Star Wars*), **LENNO** (in particolare Villa Balbiano, oggi la più grande residenza turistica sul lago – decisamente poco *low cost*!) e infine **MANDELLO DEL LARIO** (patria dello storico marchio Moto Guzzi: per gli appassionati, c'è anche un grande museo dedicato).

6. *Avengers, Age of Ultron* (2015)

Con tutto il mondo a disposizione dov'è che Marvel sceglie di ambientare le riprese del suo colossal?

In **VALLE D'AOSTA**!

Non solo il piccolo borgo di **VERRÈS** viene allestito con abbondante neve finta e insegne in cirillico per ricreare le *vibes* di un paesino della nazione (di fantasia) di Sokovia, ma il **FORTE DI BARD**, che si trova poco lontano, diventa il quartier generale dei cattivi dell'Hydra. Questo complesso fortificato si erge sopra una rocca, nel punto in cui la vallata si chiude creando una sorta di gola. Una posizione strategica, da cui si poteva controllare la via di passaggio tra Piemonte e Francia, e inespugnabile (si racconta che nel 1800 il forte, difeso da appena 400 uomini, riuscì a fermare l'avanzata delle truppe napoleoniche, composte da oltre 40 mila soldati).

7. *Mangia Prega Ama* (2010)

Il film si svolge tra Usa, India, Indonesia e Italia. In Italia, tra Roma e Napoli. E a **NAPOLI** quasi esclusivamente a **FORCELLA**, uno dei quartieri più caratteristici e veraci. Se passate da queste parti dovete assolutamente ammirare il grande **MURALES DI SAN GENNARO** realizzato dallo street artist Jorit: alto 15 metri, occupa la facciata di un edificio all'ingresso del quartiere e riproduce il volto del santo, che è poi quello di un amico dell'artista, un operaio napoletano di trentacinque anni.

E poi, ovviamente, dovete assolutamente mangiarvi una **PIZZA** (a Forcella ci sono alcune tra le pizzerie più antiche della città) e un **GELATO** (come quello della gelateria Al Polo Nord, che utilizza tecniche di lavorazione tradizionali, praticamente le stesse di ottant'anni fa, quando è nata).

8. *Il talento di Mr Ripley* (1999)

Nel film si riconoscono il Castello Aragonese, la spiaggia del Lido, il Palazzo Malcovati... Ma quando si parla di **ISCHIA** si parla inevitabilmente del suo mare.

E qui cosa potrei consigliarvi?! Niente, solo di respirare a fondo, di farvi cullare dal suono delle onde e di perdervi nelle infinite sfumature di blu.

9. *Angeli e Demoni* (2009)

In questo caso non si parla tanto di *location* trasformate in set ma di set che non ci sono stati.

Il film, ispirato all'omonimo libro di Dan Brown e diretto da Ron Howard, è ambientato principalmente tra Roma e il **VATICANO**.

E infatti ci sono Piazza Navona, Piazza del Popolo, Castel Sant'Angelo...

Il problema è sorto quando le riprese avrebbero dovuto spostarsi all'interno delle chiese di Santa Maria del Popolo e Santa Maria della Vittoria.

Cosa è successo?

La Diocesi romana si è opposta con decisione, chiarendo che non avrebbe fornito le sue chiese a produzioni che sarebbero andate a ledere il sentimento religioso, come era già successo con *Il codice Da Vinci*.

A questo punto Ron Howard e i suoi non si sono arresi e... hanno ricreato le *location* vaticane. O meglio: alcune le hanno semplicemente "trasferite", per esempio occupando per tre giorni e tre notti la Reggia di Caserta (la Biblioteca Palatina per l'occasione è diventata la Biblioteca vaticana); altre le hanno letteralmente ricostruite negli *studios* di Los Angeles (per esempio, Piazza San Pietro: una delle riproduzioni in scala più grandi mai costruite, modellata sulla base di oltre 250 mila foto scattate di nascosto dalle autorità vaticane).

PLAYLIST

Show Yourself oppure *Let it go (Frozen I e II)* – Idina Menzel

Mystery of Love (Call Me by Your Name) – Sufjan Stevens

Neutron Star Collision (Twilight: Eclipse) – Muse

Part of Your World (La Sirenetta) – Jodi Benson

You'll Be in my Heart (Tarzan) – Phil Collins

Tu vuo' fa' l'americano (Il talento di Mr Ripley) – Renato Carosone

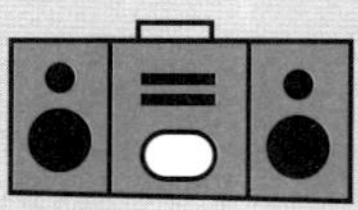

Il mondo è mio (Aladdin) – Vincent Thoma, Cristina

Better Days (Mangia Prega Ama) – Eddie Vedder

Be Our Guest (La Bella e la Bestia) – AAVV

CHECK-LIST

- ○ un accessorio con l'immagine del vostro personaggio Disney preferito (va bene anche un ciondolo attaccato allo zaino)
- ○ un tablet per riguardare le scene clou del cartone/film durante il viaggio
- ○ almeno un outfit da fiaba
- ○ un costume da bagno e un telo, per non perdersi un tuffo in mare o in un lago
- ○ un selfie stick, per immortalarvi all'interno delle vostre location preferite
- ○ cuffie o auricolari per avere sempre con voi la colonna sonora adatta
- ○ occhiali da sole per sentirvi divi del cinema
- ○ un binocolo per godervi i dettagli di un castello anche da lontano
- ○ una valigia piena di sogni, ricordi e fantasia

Budget

Cose che non so
(appunti e scarabocchi)

8

INSOLITA ITALIA

Non so esattamente quanti giorni siano stati. Comunque tanti, troppi!

Nel 2020 la pandemia è arrivata all'improvviso e ci ha costretti in casa per un'infinità di tempo, togliendoci letteralmente la strada da sotto i piedi. Chiudendoci tra quattro mura 24 ore su 24. Un'esperienza davvero complicata. Per tutti, compreso (e forse in particolare) chi è abituato a viaggiare.

Non ricordo la data precisa, so solo che sto pensando che mi sono perso la primavera. E che è la prima volta che esco di casa. Strano. Tutto, ogni piccolo gesto.

Prendo le chiavi, infilo la mascherina, mi guardo attorno circospetto. Tutta la fatica e la paura dei mesi trascorsi me le sento addosso. Ma poi giro l'angolo, vedo un balcone fiorito e resto quasi senza fiato. E pensare che a me dei fiori non è mai importato granché.

Ora, invece...

Lì per lì è solo un'emozione. Ma poi capisco che tutto 'sto casino mi ha lasciato qualcosa di buono, e ha cambiato per sempre la mia vita (come credo quella di tutti).

Ne ho la conferma durante i primi viaggi che faccio, non appena si può.

Nessun posto esotico, nessun Paese straniero.

→

Adesso voglio scoprire l'Italia. Non l'Italia dei viaggi organizzati o delle grandi città d'arte, ma l'Italia delle bellezze nascoste, che diamo per scontate.

←

L'Italia che abbiamo sotto gli occhi ogni giorno e che tuttavia non guardiamo. L'Italia dei piccoli particolari, di quei dettagli che, come le tesserine di un mosaico a Ravenna, la rendono il capolavoro che è.

Con questo spirito ho intrapreso il mio viaggio per il Paese, attraverso **luoghi insoliti e *low cost***.

In attesa che voi mi suggeriate i vostri su Instagram, dopo esserveli appuntati sulle pagine che trovate alla fine di ogni capitolo, questa è la lista dei posti che ho visitato o che sto preparandomi a visitare.

Abruzzo

1. IL LAGO A FORMA DI CUORE

Il lago di Scanno, il più grande dell'Abruzzo, è un posto magico. Visto dall'alto potrebbe ricordare, come forma, l'Emilia-Romagna, ma da una certa prospettiva (segnalata) ha la forma di un cuore. Un grande cuore azzurro in mezzo al verde dei boschi e dei monti marsicani.

2. ROCCA CALASCIO

In provincia de L'Aquila, la fortezza, a oltre 1400 metri di altitudine, domina le vallate circostanti e nelle giornate più limpide l'orizzonte si allunga a perdita d'occhio, fino alle cime più importanti della regione. Tra la pietra bianca da cui è costituita e le pietre che la circondano è davvero suggestiva. E infatti è stata utilizzata come set per diversi film, dal mitico *Ladyhawke* fino a *The American* con George Clooney.

3. L'ATLANTIDE DEGLI ABRUZZI

Un altro lago dopo quello di Scanno. Un altro mondo. Stavolta subacqueo. Perché la bellezza del lago di Capodacqua, in provincia de L'Aquila, non sta tanto, o non solo, nelle sue acque cristalline, ma nei resti ben conservati di due mulini e altri ruderi sommersi artificialmente negli anni Sessanta. La visibilità è incredibile, l'avvertenza è di immergersi solo accompagnati da sub specializzati (anche perché altrimenti è proprio vietato!).

4. LA VIA PIÙ STRETTA D'ITALIA

È vero, ogni regione, praticamente ogni città, rivendica la sua, ma a Civitella del Tronto (Teramo) si trova davvero la via più stretta d'Italia, la cosidetta "Ruetta d'Italia". Le dimensioni ridotte dipendono da una scelta strategica, comune a tante fortezze e borghi medioevali (fondamentalmente: rallentare l'arrivo di possibili nemici), ma 40 centimetri sono davvero pochi!

5. VIAGGIARE NEL TEMPO AD AZZINANO DI TOSSICIA

L'effetto "salto nel tempo" è normale quando si visita un borgo. Ma ad Azzinano, a 50 chilometri da Roseto degli Abruzzi, sei doppiamente stimolato, dato che le pareti esterne delle case sono colorate e dipinte "a tema", cioè sono tutte dedicate ai "giochi che non si giocano più", a quei giochi che facevano i nostri nonni e genitori (come mosca cieca e nascondino) e che ora rischiano di scomparire.

6. LA TRANSIBERIANA D'ITALIA

Chi come me sogna di viaggiare sulla Transiberiana intanto può accontentarsi della Ferrovia dei Parchi. Un treno storico, con carrozze degli anni Trenta e Quaranta, che viaggia attraverso boschi e gole, si arrampica sulle montagne e sosta in città più o meno sconosciute. Sicuramente una delle tratte panoramiche più belle d'Italia.

7. L'EREMO DI SAN BARTOLOMEO IN LEGIO

L'Abruzzo è stato a lungo terra di eremiti, prova ne sono i diversi eremi sparsi tra le sue montagne. Uno dei più incredibili è quello di San Bartolomeo, in provincia di Pescara: letteralmente scavato nella roccia, a circa 700 metri di altitudine, e circondato dai boschi e dal silenzio è un luogo magico ed estremo.

8. PUNTA PENNA

L'Abruzzo non è solo le sue montagne o il suo grande Parco, ma anche costa, anche mare. E Punta Penna è una delle sue spiagge più belle, di sicuro tra le più selvatiche e incontaminate. Come dimostrano le tante specie di animali, anche rari, che ci trovano un habitat ideale. Lo stesso mare è così limpido che non è raro imbattersi in delfini e tartarughe marine.

9. UN BACIO BAGNATO

Le Cascate delle Marmore sono le più alte d'Europa (165 metri) e valgono da sole il "prezzo del biglietto". Tuttavia risalendo uno dei sentieri che le accompagna (precisamente il sentiero numero 1) si raggiunge e si attraversa un tunnel, che è una specie di grotta umida e bassa, e si sbuca sul Balcone degli Innamorati, un vero e proprio affaccio sulla cascata, anzi *sotto* il primo salto della cascata. Il posto ideale per scambiarsi un bacio (bagnato).

Basilicata

1. IL CRISTO GIGANTE DI MARATEA

Salite su su per i tornanti fino alla statua del Cristo Redentore alta più di 20 metri (e dal peso di 400 tonnellate) e dalla posizione mozzafiato su cui sorge godetevi lo splendido golfo di Policastro.

2. IL MIGLIOR PANETTONE D'ITALIA

Ok, è una guerra. Sono sicuro, già vi sento: il mio è più buono, prova questo, assaggia quello... Ma in questo caso bisogna credere al Gambero Rosso, che ha stabilito che il panettone più buono del 2020 (come già nel 2017) è quello del giovane pasticcere di Acerenza, Vincenzo Tiri: "Una consistenza che non sembra appartenere a questo mondo, soffice come una nuvola si compatta in bocca per sciogliersi poi in un vortice di burro e vaniglia".

3. LA CAVERNA NASCOSTA

Uscite da Matera, immergetevi nel Parco della Murgia Materana (che con i Sassi rientra nei Patrimoni dell'umanità dell'Unesco) e dopo un sentiero un filo... ok, bello ripido e tre chilometri rigorosamente a piedi raggiungete la caverna nascosta da cui, specialmente al tramonto, si gode uno dei panorami più belli che abbia mai visto.

4. IL VOLO DELL'ANGELO

Indossate l'elmetto e l'imbrago, assicuratevi al cavo d'acciaio che collega le vette di Castelmezzano e Pietrapertosa, due dei borghi più belli della regione, prendete un bel respiro e provate l'esperienza di volare come un uccello o, appunto, un angelo.

5. DALÍ A MATERA

Sembra strano ma è così: il centro storico e le vie dei Sassi sono punteggiati da oltre duecento opere (sculture e grafiche) di Dalí. Arte e storia. Realtà e surrealtà. Antico e moderno. In una parola: strano. E bello. Merito di un percorso espositivo (Salvador Dalí, *La persistenza degli opposti*) che continua a essere prolungato.

6. LA VALLE DELL'AGRI

Una delle vallate più belle d'Italia. Un'immersione totale tra boschi, grotte di tufo, torrenti e borghi adagiati sulle colline. Un mondo incontaminato che deve il nome al fiume che l'attraversa.

7. VENOSA

Città di Orazio e del Carpe Diem. Del Castello e dell'Incompiuta (una chiesa iniziata dai monaci benedettini e mai completata). Della pasta *ammuddicata* e dell'Aglianico del Vulture, vino rosso che nasce proprio in queste terre. Ma soprattutto uno dei borghi più belli (e antichi) d'Italia.

8. IL NERO DI MARATEA

Per chi, come me, è abituato alle spiagge-spiagge, quella nera (di origine vulcanica) di Maratea è davvero una cosa assurda. Proprio per questo ancora più affascinante.

9. PROVARE IL CRUSCO

Che è un peperone unico (Igp), piccolo e dalla forma allungata, perfetto per l'essicazione e ideale per... tutto, dagli antipasti al dolce (c'è un gusto gelato e pure uno snack che si trova nei distributori automatici degli ospedali lucani!).

Calabria

1. LA GROTTA NASCOSTA

A Tropea c'è una spiaggia che si chiama Le Roccette, e a un'estremità di questa spiaggia c'è una grotta marina che somiglia in modo incredibile a quella della serie tv *H2O*.

Ci sono alcuni gradini e un'acqua cristallina (e ghiacciata): pronti a trasformarvi in sirene?

2. "IL COLLEZIONISTA DI VENTI" DI PIZZO

La scultura in reti metalliche rappresenta un uomo che dà le spalle alla piazzetta principale di Pizzo Calabro e guarda fisso l'orizzonte. Dice l'autore, Edoardo Tresoldi: "Siede su un muro tra le viuzze del centro di Pizzo, lo sguardo fisso verso le Eolie, controlla il gioco dei venti che animano gli alberi e fischiano tra i vicoli. Non c'è vento che non abbia chiacchierato con lui".

3. CURINGA E IL SUO PLATANO MILLENARIO

Forse non lo sapevate, ma esiste un premio per l'Albero Europeo dell'Anno. E nel 2020 questo vecchio platano di oltre mille anni, che sorge in provincia di Catanzaro, si è piazzato al primo posto. Il "Gigante buono", come lo chiamano da queste parti, è alto 31,5 metri e ha una circonferenza di oltre 14. Il tronco, completamente cavo, ha un'apertura di 3 metri e può ospitare al suo interno più di dieci persone, tra studenti, pastori e antichi briganti.

4. IL FARO DI CAPO VATICANO

Il faro, costruito alla fine dell'Ottocento nel tratto che collega il Capo e Tropea, sorge su una roccia a strapiombo sul mare alta più di 100 metri. Nelle giornate terse (che da queste parti capitano di frequente) dal faro è possibile vedere fino alle Eolie, a oltre 50 chilometri.

5. BRIATICO E LA ROCCHETTA

Sulla spiaggia di Briatico, provincia di Vibo Valentia, a pochi passi dalle sue acque cristalline, ci sono i resti di una torre di avvistamento costruita dai greci, ricostruita dai romani e poi ancora nel Medioevo. Tanta storia alle spalle e un mare fantastico di fronte: cosa volere di più?

6. PROVENZA O MORANO CALABRO?

Se dovessi scegliere... non sceglierei. Ma a Morano Calabro potete trovare un piccolo pezzo di Provenza, campi di lavanda che si allungano a perdita d'occhio e riempiono il naso col loro profumo.

7. IL FUTURISMO DI BOCCIONI

Avete presente la moneta da 20 centesimi? La scultura futurista di Boccioni (*Forme uniche della continuità nello spazio*) rappresentata su una delle due facce? L'originale si trova proprio in Calabria, alla Galleria Nazionale di Cosenza.

8. SCILLA E CARIDDI

Se vi è capitato almeno una volta di studiare la storia di Scilla e Cariddi (i due mostri marini che vivevano nello stretto di Messina) non potete non visitare Scilla, una ventina di chilometri a nord di Reggio Calabria, senza dubbio uno dei borghi più belli d'Italia.

9. IL RICORDO DI MIMÌ

Oltre a essere la "perla della Costa Viola", Bagnara Calabra è il paese natale di Mia Martini: è il minimo che le abbiano dedicato un monumento sul lungomare.

Campania

1. LA GALASSIA DI PALAZZO MANNAJUOLO

La vera chicca di questo edificio di Napoli, uno degli esempi più belli di liberty napoletano, sta oltre il portone (e la postazione del custode, perché ricordate che è un palazzo privato!) ed è lo scalone a elica. Ti metti lì, alla base, alzi la testa e ti viene quasi la vertigine. Per questo lo chiamo "Palazzo Galassia", perché da questa prospettiva l'impressione è proprio quella, una serie di ellissi che ti porta direttamente nello spazio infinito.

2. LO SCALONE D'ONORE DI PALAZZO REALE

Vale più o meno il discorso fatto per Palazzo Galassia: l'edificio, in piazza del Plebiscito, è tanto maestoso quanto bello, ma la chicca sta dietro, dentro, nello scalone d'onore. Non tanto per l'architettura quanto per ciò che si racconta, che sia cioè dove la *vera* Cenerentola ha perso la scarpetta. Già, prima dei fratelli Grimm e di Walt Disney, Giambattista Basile, autore di fiabe napoletano, ha scritto di una fanciulla, Zezolla, che perde la scarpa di cristallo mentre corre giù da una scalinata, dopo il gran ballo. E per come è descritta sembra proprio quella di Palazzo Reale. Anche se, nella realtà, è stato costruito dopo il racconto. Una favola, appunto.

3. BLU TOLEDO

Pannelli di vetro, mosaici, giochi di luce, e poi il cerchio blu che sembra una piscina rovesciata sopra la testa. Non a caso la stazione della metropolitana Toledo, nel quartiere San Giuseppe, è stata spesso nominata la "più bella del mondo": titolo che merita al cento per cento.

4. LA GROTTA DELLO SMERALDO DELLA COSTIERA AMALFITANA

Andrebbe esplorata rigorosamente a bordo di una barchetta a remi: navigando placidi sulle sue acque, tra stalattiti alte 10 metri e incredibili giochi di luce prodotti dai raggi del sole che filtrano dall'imbocco e si riflettono anche sulle pareti rocciose, si raggiunge il piccolo presepe sommerso realizzato dagli abitanti della costiera per ricordare i loro morti in mare.

5. PROCIDA

Le sue casette colorate, il porticciolo e il suo mare non hanno bisogno di presentazioni. E se le avessero sarebbe un problema perché non troverei la parole. La particolarità è che Procida è stata dichiarata "capitale italiana della cultura 2022": una ragione in più per visitarla.

6. ATRANI

È il più piccolo borgo della Costiera Amalfitana, anzi d'Italia. Ma non è solo piccolo: è anche bello e ha tutte le caratteristiche che un borgo della zona deve avere: vicoli, scale, archi e una *view* spettacolare sull'azzurro del mare.

7. IL TEATRO SCOMPARSO

A Napoli succede anche questo, d'imbattersi nei resti di un teatro greco-romano nei sotterranei di un palazzo privato, in via Anticaglia. Era un teatro importante (si racconta che anche Nerone ci si fosse esibito), ma con la caduta dell'Impero è stato abbandonato e via via utilizzato come piccola necropoli, come discarica e cantina, finché non è stato seppellito o inglobato dalle abitazioni. Ora è di nuovo visitabile (almeno in parte): Napoli sotterranea è sempre una garanzia.

8. SAN LEUCIO, IL BORGO DEI SOGNI E DELLA SETA

Accanto alla celebre Reggia di Caserta c'è questo piccolo borgo voluto da re Ferdinando IV con il Palazzo del Belvedere (stupendo) e, attorno, una scuola, un ospedale, le botteghe e le case degli operai della grande fabbrica di seta. E proprio questa è la sua caratteristica principale, la storia che ci sta dietro, l'intenzione di creare un piccolo mondo indipendente, dove uomini e donne avevano gli stessi diritti, non esisteva la proprietà privata (a parte quella del re, ma vabbè) e gli abitanti (compresi gli orfani, le donne incinte e le vedove) avevano assistenza sanitaria e sociale. Se negli anni l'utopia è svanita, i telai sono rimasti e continuano a produrre una seta tra le più pregiate al mondo. E ora si possono visitare insieme al Belvedere, ai giardini e al museo.

9. LO SPARTITO ENIGMA

La facciata della Chiesa del Gesù Nuovo di Napoli nasconde un mistero.

Su alcune "bugne" (le punte piramidali che sporgono dalla superficie) ci sono dei segni strani: a quanto pare (ma come sempre in questi casi nulla è certo e definitivo) corrispondono a lettere dell'alfabeto aramaico, precisamente a note musicali. Una volta collegate costituirebbero una sorta di spartito musicale: la partitura Enigma.

Emilia-Romagna

1. LA STREET ART DI DOZZA

Ciò che rende unico questo borgo tra Imola e Bologna sono i murales (realizzati anche da artisti importanti, ognuno col suo stile) che ricoprono e colorano praticamente ogni centimetro disponibile di strade e edifici.

Un museo all'aria aperta. Un quadro in 3D. Insomma, ci siamo capiti!

2. COMACCHIO

È una piccola Venezia in provincia di Ferrara. Da esplorare a piedi, in bicicletta (che qui va per la maggiore) o in barca, lungo i canali tra i palazzi colorati. E poi, magari, potete assaggiare la specialità locale: l'anguilla.

3. IL PONTE DI BOBBIO

Sapete perché il ponte di Bobbio è ingobbito? Colpa di Satana, che per costruirlo si è fatto aiutare da undici demoni di altezza differente. Ma perché Satana si è messo a costruire un ponte? Per un accordo con san Colombano, che ne aveva bisogno per superare la piena del fiume e raggiungere (ed evangelizzare) il paese. In cambio Satana avrebbe potuto prendersi l'anima del primo che l'avesse attraversato. Peccato che anche stavolta è stato fregato, visto che san Colombano ha fatto passare per primo il suo orso.

4. SANTARCANGELO DI ROMAGNA

Vale una visita di per sé, ma soprattutto per quel che nasconde: una specie di città sotterranea, un labirinto di grotte e corridoi che non si capisce neppure quando e perché è stato creato (forse per conservare il Sangiovese!).

5. IL PARCO DEI SASSI DI ROCCAMALATINA

Nel cuore dell'Italia, nel morbido paesaggio degli Appennini, compaiono dei massi antichi oltre 90 milioni di anni e alti 70 metri. Camminarci in mezzo, tra i boschi, i fiumi e i borghi del parco, è come camminare in un altro pianeta.

6. I LUPI DEL MONTE ADONE

Sempre sugli Appennini, a Sasso Marconi, c'è un centro di recupero per animali selvatici feriti, abbandonati o sequestrati in seguito a maltrattamenti, commercio e detenzione illeciti. Magari non ci sono i miei amati alpaca, ma potrete incontrare lupi, tipici della zona, e non solo: tigri, linci, scimpanzé soggiornano qui in attesa di trovare una collocazione, se possibile in libertà.

7. IL LABIRINTO DI FONTANELLATO

È il labirinto di bambù più grande del mondo (oltre 200 mila piante su quasi 7 ettari di superficie). L'ha realizzato l'editore e designer Franco Maria Ricci pensando al suo incontro con lo scrittore argentino Jorge Luis Borges, che era ossessionato dai labirinti e sosteneva che il più grande del mondo esisteva di già ed era il deserto.

8. LA FINESTRELLA DI BOLOGNA

Se non ve la indicano è difficile trovarla, ma una volta che la trovate non ve la scordate più: a Bologna, vicino alle Due Torri, in via Piella, c'è una piccola finestrella in mezzo a un muro che, una volta aperta, vi farà sentire a... Venezia (grazie a un piccolo canale nascosto o coperto dall'asfalto nel resto della città)!

9. PENNABILLI

È un borgo incantato, che sorge alle pendici del Monte Carpegna, in provincia di Rimini, non troppo lontano dalle Marche. Oltre ai "Luoghi dell'Anima", le sette installazioni ispirate all'immaginario del poeta e sceneggiatore Tonino Guerra (che qui visse per molti anni), poste tra il borgo e l'area circostante (l'Orto dei frutti dimenticati, la Strada delle meridiane, il Giardino pietrificato in località Bascio, l'Angelo coi baffi, il Santuario dei pensieri, il Rifugio delle Madonne abbandonate e la Madonna del rettangolo di Neve nella frazione di Ca' Romano), sul colle che domina il paese ci sono anche una campana tibetana e tre ruote di preghiera donate nel 2005 direttamente dal Dalai Lama.

Friuli Venezia Giulia

1. FARSI DEL BENE IN UNA FRASCA

Le frasche non sono ristoranti, né osterie né agriturismi, ma luoghi dove si vendono e consumano prodotti locali (uova, salumi, formaggi, vino eccetera) a centimetro zero. Si trovano soprattutto sopra Trieste e nella vicina Slovenia, dove si chiamano *osmize*, e fanno riferimento a una tradizione antica, che risale a Maria Teresa d'Austria, che alla fine del Settecento aveva concesso (per un tempo limitato, in genere otto giorni) ai contadini di vendere i prodotti in sovrappiù direttamente nelle loro case e cantine. Le frasche (quelle autentiche!) sono così, luoghi semplici, aperti circa tre volte all'anno per un numero variabile di giorni. Quindi se passate da queste parti tenete gli occhi aperti: se notate una frasca, un ramoscello esposto per strada o su una casa, vuol dire che un contadino vi sta aspettando con cibo e buon vino!

2. IL PONTE DEL DIAVOLO

Girando l'Italia ho scoperto che quando ci sono di mezzo dei ponti c'è sempre lo zampino del diavolo (che unisce ciò che Dio ha diviso). E anche qui a Cividale del Friuli, antico paese in provincia di Udine, la storia si ripete. È il 1442 e i cittadini vogliono unire le sponde del fiume Natisone. Ci hanno provato diverse volte, fallendo (qui fa freddo, qui ci sono vento, ghiaccio e neve, qui niente è semplice e dovuto). Così, esasperati, decidono di rivolgersi direttamente a Satana. Che, ovviamente, non si tira indietro, ma a una condizione: costruirò il ponte, ma in cambio mi prenderò l'anima della prima creatura che lo attraverserà. Dopo una notte di frastuono, tra urla, saette e bestemmie, la mattina ecco pronto il ponte: in pietra, articolato su due arcate, con il pilone centrale che poggia su un macigno collocato nel letto del fiume. A questo punto, il diavolo pretende la sua ricompensa ma viene ingannato: i cividalesi fanno transitare per primo un gatto (un cane o, secondo altre versioni, un maiale). Lui si infuria ma c'è poco da fare. I patti sono i patti, e anche lui ci deve stare.

3. I MOSAICI DI AQUILEIA

Quando si dice "camminare su un tesoro" ci si dovrebbe riferire al pavimento della basilica di Aquileia. Un mosaico di epoca romana, scoperto solamente alla fine dell'Ottocento, con piante, animali, costellazioni e storie bibliche, che è il più antico del mondo cristiano e il più grande (oltre 750 metri quadrati!) in Occidente.

4. IL PAESE DEGLI OROLOGI

Pesariis, in provincia di Udine, è il classico paese di montagna. Pulito. Ordinato. Con l'aria buona e un panorama da cartolina. Sarebbe anche silenzioso se non fosse per il ticchettio che risuona incessante nelle sue strade. Dal 1700 qui si producono orologi per i campanili e i municipi di tutta Italia, e ora c'è pure un museo dedicato, oltre a un vero e proprio itinerario all'aperto, tra carillon, cucù, meridiane e via dicendo.

5. DOVE NASCE IL PIAVE

Sappada, in provincia di Udine, è un borgo a 1200 metri di altezza, incastonato nelle Dolomiti. Partendo da qui si possono facilmente raggiungere le sorgenti del Piave, a oltre 1800 metri di quota, e ritrovare un pezzo della storia del fiume simbolo della Grande Guerra.

6. IL PALAR

È un torrente, a una mezzora da Udine, di acque verdi e cristalline con pozze in cui tuffarsi (grazie a delle dighe artificiali alte anche 9 metri) o semplicemente stare a mollo osservando lo splendido paesaggio che vi circonda, sassi bianchi e una vegetazione esplosiva.

7. LA STAZIONE DI TOPOLÒ – POSTAJA TOPOLOVE

Topolò è un paesino disperso nelle Valli del Natisone, al confine con la Slovenia, che come tanti rischiava di spopolarsi e poi morire. Finché, complice la sua bellezza, è nata Stazione Topolò – Postaja Topolove, una serie di eventi legati al teatro, al disegno, alla fotografia e alla musica che si tiene ogni luglio e si propone di ridare vita a queste aree di confine attraverso l'incontro di culture differenti, sempre a contatto con la storia del posto, che non è mai sfondo ma stimolo: a Topolò non ci sono bar né negozi, ma un "ostello per i suoni trascurati", una "libera biblioteca per la circolazione dei libri", una "pinacoteca universale"...

8. CLAUIANO

È conosciuto come il "borgo dei sassi" ed è facile capire perché: sassi e pietre sono il materiale con cui sono costituite le sue antiche case, perfettamente conservate. Sassi e pietre contornano finestre, porte e portoni (dietro ai quali spesso si nascondono piccole corti incantate). Sassi e pietre sono la sua anima antica, quella che avverti camminando tra le sue vie silenziose.

9. LA CASA DI TINA

Tina Modotti è stata una donna unica. Nata povera e costretta giovanissima a emigrare, avrebbe potuto fare carriera come attrice, sfruttando la sua incredibile bellezza. Invece no. Amava troppo la libertà. Odiava troppo le ingiustizie. Ed è diventata fotografa, attivista e *viaggiatrice*. In via Pracchiuso 89, a Udine, c'è la casa in cui è nata, la cui facciata è decorata con lettere e parole italiane e straniere, e una targa che riporta l'epitaffio scritto per lei da Pablo Neruda, lo stesso che c'è sulla sua lapide a Città del Messico.

Lazio

1. L'OROLOGIO AD ACQUA

Tra le infinite bellezze della Capitale scelgo una delle più curiose. Se passate dalle parti del Pincio (e ve lo consiglio!), precisamente in viale dell'Orologio, noterete un laghetto artificiale e in mezzo al laghetto un isolotto roccioso e su questo isolotto un grande orologio mosso dall'acqua. Un capolavoro di ingegneria, anche se sembra più una magia.

2. IL SACRO BOSCO DI BOMARZO

È un bosco... di sculture, il più antico del mondo moderno (risale alla metà del Cinquecento). È detto "Parco dei Mostri" perché la maggior parte delle sculture sono animali esotici, creature mitologiche ed esseri fantastici dall'aspetto spaventoso (oltre a tutte le costruzioni singolari, dai tempietti alle fontane e agli obelischi). Andarci significa catapultarsi in un'altra dimensione.

3. LA MONTAGNA SPACCATA

Poco fuori da Gaeta c'è una montagna rocciosa, c'è una profonda spaccatura, c'è il giaciglio in pietra di san Filippo Neri, c'è una scalinata e alla fine della scalinata c'è lo spettacolo assurdo della gola che si tuffa nel mare.

4. IL SANTUARIO DEI GATTI

A Roma, in largo di Torre Argentina, c'è una colonia di gatti: è il loro posto, lì ci nascono, ci vivono, si divertono e secondo me la notte suonano il jazz.

5. LA CITTÀ CHE MUORE

Civita, in provincia di Viterbo, è conosciuta come "la città che muore" poiché rischia letteralmente di scomparire a causa dell'erosione della rupe sulla quale sorge (negli ultimi cinquecento anni la superficie si è ridotta del 25 per cento). Un giro per le sue stradine, tra gli antichi edifici (popolati oggi da una decina di persone) e le mura sospese nel vuoto sono un *must* se passate da queste parti.

6. LA CASINA DELLE CIVETTE A VILLA TORLONIA

È un edificio strano, anzi assurdo, sia fuori che dentro. Qualcuno sostiene sia una via di mezzo tra le case delle fiabe e quella della famiglia Addams. Di sicuro c'è qualcosa di magico, di misterioso. E forse è proprio per via di tutti gli animali (soprattutto le civette) che decorano vetrate, lampadari e soffitti e ci accompagnano a ogni passo.

7. IL CENTRO D'ITALIA

In una piccola piazza di Rieti (piazza San Rufo) c'è un monumento che ti ricorda che ti trovi nel centro del Paese. La visita vale non tanto per la scultura (una piattaforma circolare alta neanche un metro e larga quattro) ma per l'idea di trovarsi nell'*Umbilicus Italiae* (come è inciso nella pietra).

8. L'ISOLA DI PONZA E IL SUO MARE

Uno dei più belli e ricchi di vita (e di morte, visti i tanti relitti) di tutto il Mediterraneo.

9. IL GIARDINO DI NINFA, VICINO A LATINA

È stato giudicato uno dei più belli e romantici del mondo dal "New York Times". Al suo interno si trovano 1300 specie botaniche, accostate con cura, come fossero (e fossimo) in un quadro.

Liguria

1. BUSSANA VECCHIA

Nel 1887 un violento terremoto svuota questo borgo sulle colline di Sanremo, che resta fantasma fin verso la metà del Novecento, quando un gruppo di artisti provenienti da tutta Europa decide di ridargli vita, rimettendo insieme e trasformando le rovine in residenze e laboratori. Le sue stradine si popolano di murales, decorazioni, atelier, installazioni, negozietti e piccole osterie, e Bussana Vecchia si trasforma nel "villaggio degli artisti", una comunità fondata sulla bellezza.

2. IL PRINCIPATO AUTONOMO (E AUTOPROCLAMATO) DI SEBORGA

A partire dalla metà degli anni Cinquanta questo piccolo comune dell'entroterra di Imperia rivendica l'indipendenza dalla Repubblica italiana. Ha una sua moneta, una sua burocrazia e addirittura un suo principe (che in questo momento è una principessa). Ok, nessuno lo riconosce a livello internazionale, ma un bel timbro sul passaporto fa sempre la sua bella scena.

3. LE STREGHE DI MOLINI DI TRIORA

Ogni *carruggio* di questo borgo in provincia di Imperia racconta di streghe e di magia. Il fatto è che in seguito a numerose pestilenze e carestie gli abitanti si convinsero che le responsabili fossero tra loro e nel 1587, convocata l'Inquisizione, celebrarono uno dei processi per stregoneria più cruenti di sempre, che costò la vita a diverse donne. E l'eco del processo (e delle grida di quelle poverine) è ancora vivo nel Museo Etnografico e della Stregoneria, nella Cabotina, la piccola costruzione di pietra dove le presunte streghe erano solite riunirsi, e nel vicino Monte delle Forche, dove vennero prima torturate e poi bruciate. Specie al tramonto, davvero suggestivo...

4. SENTIRSI IN UN QUADRO

Sedersi nella piazza principale di Dolceacqua, guardare il ponte ("gioiello di leggerezza") e il fiume che scorre tra le case, il sole che tramonta dietro al castello. Sentirsi in un quadro di Monet, che a questo piccolo borgo dell'entroterra tra Ventimiglia e Bordighera (non troppo distante dal mare) ha dedicato ben quattro quadri. E che da allora non è mai cambiato. Il Dorian Gray dei paesini italiani.

5. VILLA GROCK

Deve il nome al suo proprietario, Adrian Wettach detto "Grock", il più famoso clown del mondo. È lui – giocoliere, comico, musicista e altro ancora, al tempo una vera star – che la immagina, che la realizza e che la abita fino alla sua morte, nel 1959. Oggi è proprietà della Provincia di Imperia, che nel 2010 l'ha aperta al pubblico trasformandola nel Museo del Clown. Specchi magici, travestimenti, ombre cinesi e un giardino che è un vero e proprio spettacolo.

6. LE CINQUE TERRE

È vero, non sono insolite né sconosciute, al contrario. Ma restano uno dei posti più belli che abbia mai visitato. Riomaggiore, Manarola, Corniglia, Vernazza e Monterosso sono dei gioiellini incastonati tra il mare e le montagne, tra il blu dell'acqua, il verde degli olivi e delle vigne, e i colori pastello delle case. Se potete, noleggiate una barca e osservatele da lì. Voto: 10 (anche se sono 5!)

7. L'ASCENSORE PANORAMICO

Genova ha un'infinità di cose da vedere, a partire dai suoi vicoli, che traboccano di stranezze e curiosità (come le finestre *fake* che decorano tantissimi edifici). Per vederle con un solo sguardo potete prendere un ascensore (già, un ascensore – peraltro in perfetto stile liberty – in mezzo alla città) che vi porterà sulla spianata di Castelletto, una specie di terrazza sospesa con una vista a 360 gradi sulle case, il porto e ovviamente il mare.

8. BOCCADASSE

Ecco uno di quei casi in cui direte: "Sai che novità...", come se Boccadasse non fosse un posto stra conosciuto, uno dei più citati nelle guide turistiche. Ma come si fa a non nominarlo quando si parla di Liguria, precisamente di Genova? Era un borgo di pescatori staccato dalla città, ora è un piccolo paradiso al suo interno. Per distinguermi, dico: andateci d'inverno, forse è ancora più toccante.

9. A PICCO SUL MARE

Perfetta per chi ama la bici (ma non la fatica) o anche solo camminare, la pista ciclopedonale Levanto-Bonassola-

Framura ha preso il posto del vecchio tratto ferroviario a due passi dalle Cinque Terre. Una passeggiata a strapiombo sul mare, nelle gallerie, tra i monti: la Liguria in tutta la sua bellezza.

Lombardia

1. LA CASA DI CARTE A CITY LIFE, MILANO

Già il piccolo Castello Pozzi colpisce. Ma la cosa più stupefacente è ciò che c'è davanti, una piramide fatta di carte giganti, che di sera s'illumina, lasciando tutti sorpresi e straniti, compreso me che non ne ho ancora capito il significato: so solo che non è la pubblicità della mia serie preferita!

2. BAHAMAS A MILANO?

In una delle aree più eleganti della città, protetta da un'imponente cancellata c'è Villa Invernizzi, nel cui giardino si trova una colonia di... fenicotteri rosa, perfettamente a loro agio nel cuore di Milano.

3. PARCO PORTELLO

Laddove un tempo, nell'omonimo quartiere residenziale di Milano, sorgeva un'area industriale (la fabbrica dell'Alfa Romeo) ora c'è un originale parco urbano delimitato da tre colline (realizzate con macerie e terra di scavo), decorato con spirali, sculture e specchi d'acqua, ecosostenibile e pieno di rimandi metaforici.

4. LE CASCATE DI FERRERA

Lo spettacolo, quando arrivi in questo paesino in provincia di Varese, sono le cascate. Ma anche il contesto: il verde brillante del bosco, la luce che filtra tra i rami, il rumore dell'acqua che si fa sempre più forte. Ce ne sono diverse, di cascate. La più grande si chiama Fermona ed è davvero impressionante. Specie d'estate, quando il carico d'acqua è al massimo e i raggi del sole la illuminano, regalando arcobaleni.

5. IL BIDET DELLA CONTESSA

È un lago cristallino (e ghiacciato!) nel quale si specchiano i monti e il verde della Val di Mello, in provincia di Sondrio. Un gioiellino, nonostante il nome. A proposito, non sono riuscito a scoprirne l'origine: se sapete qualcosa, scrivetemi!

6. IL FARO DI BRUNATE

Posto sulla cima del Monte Tre Croci per il centenario della morte di Alessandro Volta, è uno dei simboli del lago di Como. Nei giorni limpidi permette di osservare...

gran parte del Nord Italia (dalla cima del Monte Rosa fino alla Madonnina di Milano)!

7. IL PONTE SAN VIGILIO

Creato con legno di castagno intrecciato, il Ponte San Vigilio, che corre sopra un piccolo corso d'acqua, è opera dello scultore Giuliano Mauri, vero e proprio "tessitore del bosco". Ci troviamo nei pressi del castello di Padernello, in provincia di Brescia, ma potremmo benissimo credere di essere finiti nella Contea degli Hobbit.

8. VARENNA

È uno dei borghi più romantici del lago di Como, in particolare la Passeggiata degli Innamorati, una breve passerella sospesa sull'acqua, che permette con un solo sguardo di godersi il lago, le montagne e le caratteristiche casette colorate.

9. BAIA DEL BOGN

Sembrerà di trovarvi in Thailandia. O nelle Filippine. Invece siete sul lago di Iseo. E questa baia è un *must* per chi vuole fare una gita estiva.

Marche

1. LAME ROSSE

Attraversare il sentiero Lame Rosse, in provincia di Macerata, significa attraversare pinnacoli e torri rocciose rosse come potrebbero essere le rocce di Marte, e rendersi conto che il Grand Canyon non è poi così lontano.

2. LE CITTÀ SOTTERRANEE

Il sistema di grotte e labirinti che si allunga sotto Camerano e Osimo è qualcosa di incredibile, tanto bello quanto intricato e misterioso. Dicono che anticamente le usassero come abitazioni, che servissero per compiere riti religiosi, che fossero cripte o fortezze per riparare di fronte a un eventuale nemico. Che ci sono simboli legati ai Templari, che sono servite come cantine per cibi e vino, e come rifugio durante i bombardamenti della Seconda guerra mondiale. Tutto può essere, di sicuro sono un vero mondo sommerso (nella roccia).

3. IL BALCONE DELLE MARCHE

Cingoli, in provincia di Macerata, è bella in sé, con le sue case in pietra e le chiesette, ma ciò che la rende unica è senza dubbio il panorama. Dall'alto del Monte Circe, dove sorge, lo sguardo vaga dal verde della campagna marchigiana al blu del mare Adriatico, perdendosi (è proprio il caso di dirlo) in una bellezza infinita.

4. LA CITTÀ DELLA RAGIONE

Servigliano, in provincia di Fermo, è diversa dalla maggior parte dei borghi medioevali, che sono arroccati, ripidi, tortuosi. Qui è tutto lineare, semplice, squadrato, come doveva essere secondo i canoni del Settecento (quando è stata riedificata). Ha una pianta quadrata costituita da case a schiera, strade perpendicolari e una grande e perfetta piazza centrale. Da mandar fuori di testa le persone più razionali.

5. CURARE L'ANIMA AL TEMPIO DI VALADIER

La particolarità di questa piccola chiesa ottagonale ottocentesca è la *location*, il fatto di essere incastonata, quasi nascosta, tra le pareti di una grotta, una delle tante che caratterizzano questa zona montuosa (di cui fanno parte anche le famose Grotte di Frasassi). Sull'ingresso c'è scritto "Refugium Peccatorum", rifugio per i peccatori: strano che non ci sia la fila!

6. GRADARA

Direte: non è un posto sconosciuto! È vero. Ma rimane un posto magico, romantico, perciò, se siete da queste parti, in provincia di Pesaro e Urbino, non potete non passarci. Il fatto è che nel castello di Gradara si svolge una delle storie d'amore più toccanti e tragiche di sempre, quella di Paolo e Francesca, dell'*Amor ch'a nullo amato amar perdona* raccontato da Dante nella *Divina Commedia*, un amore così forte che va al di là della vita e della morte.

7. I LIBRI (FINTI) DEI MUSEI CIVICI DI PESARO

Prima di farvi un giro all'interno del museo di Palazzo Mosca fatevi una foto di fronte alla facciata interna, una parete di libri finti che è una scenografia perfetta. E poi guardate (non negli occhi!) la grande Medusa in maiolica appesa lungo la scalinata, un'opera imponente con una storia inquietante alla spalle, che poi è la storia del suo autore, un'artista pesarese, Ferruccio Mengaroni, che aveva messo il suo volto al posto di quello della Medusa. Durante il trasporto dell'opera (che pesava più di 10 quintali) la cassa che la conteneva cedette e lui, per salvarla, le corse incontro, rimanendone schiacciato. E morì. Sotto la Medusa. Che era anche il suo autoritratto. Una specie di trapasso: l'artista che muore, l'opera che vive per sempre.

8. LE GROTTE DEL PASSETTO

Scavate all'inizio del Novecento per ormeggiare le barche da pesca e trovare riparo dal sole, o anche solo per godere il mare da vicino (tanto che gli anconetani le chiamavano la "spiaggia sotto casa"), restano uno dei posti più caratteristici (e instagrammabili) di Ancona.

9. NUMANA E LE TARTARUGHE

Le tartarughe marine, che abitano da sempre il mare del Conero, sono costantemente minacciate dall'azione dell'uomo, dalla pesca, dall'inquinamento, dal traffico nautico... Per questo la città di Numana si è accordata con la Fondazione Cetacea, una onlus di Riccione nata per tutelare l'ecosistema marino, e ha creato la Caletta delle Tartarughe, un ambiente protetto dove questi animali vengono curati e poi riaccompagnati nel loro habitat naturale, alla libertà che solo il mare regala.

Molise

1. CASTEL SAN VINCENZO OVVERO LE MALDIVE DEL MOLISE

Non è un miracolo della natura perché si tratta di un lago artificiale, ma questo non toglie l'effetto wow, anche perché questo specchio d'acqua turchese in provincia di Isernia è perfettamente integrato con i boschi e le montagne circostanti.

2. I TRABUCCHI DI TERMOLI

Tipici (anche) dell'Abruzzo, i trabucchi sono delle palafitte che si allungano sul mare e permettono di pescare "a vista": percorri il ponticello, raggiungi questa specie di casetta e governi le reti attraverso un complicato sistema di pali e tiranti. Oppure ti siedi comodamente al tuo posto, perché alcuni (soprattutto in Abruzzo) sono stati trasformati in ristoranti.

3. LE CASCATE DEL VOLTURNO

Siamo in Molise ma sembra di essere a Bali. O in un episodio di *Lost*. Acqua. Muschio. Verde ovunque. Perfetto per farci naufragio.

4. AGNONE

È noto per due motivi. Il primo: è il paese delle campane. Qui ha sede l'Antica Fonderia Marinelli, la "fonderia del Papa", l'unica che dal 1924 può apporre lo stemma papale sui suoi manufatti, che produce utilizzando le stesse tecniche del Medioevo e del Rinascimento. Il secondo motivo: è il paese dei fantasmi, e in particolare Palazzo Nuonno si dice sia la dimora (o una delle dimore) del diavolo.

5. LA CASCATA DI CARPINONE

Immersa in un bosco da fiaba a poca distanza da Isernia, è un luogo da vedere ma anche da ascoltare, con lo scroscio dell'acqua che percepisci sin da quando intraprendi il sentiero e che poi esplode una volta che raggiungi la cascata vera e propria.

6. LA BETLEMME DEL MOLISE

Pietracupa è caratterizzata da uno sperone di roccia che sorge nel centro del paese, tipo monolite di Obelix ma molto più grande, e da una grotta (da cui il nome "pietra cupa" che significa "roccia scavata") che nei secoli ha avuto diverse funzioni: dimora, tribunale durante l'Inquisizione, fortezza, rifugio per gli appestati... fino a diventare un luogo di preghiera che attira visitatori da tutto il mondo. Ma che resta il posto ideale per meditare e scomparire per un po'.

7. LA BASILICA DELL'ADDOLORATA DI CASTELPETROSO

Non bisogna per forza essere religiosi per vivere il senso religioso, spirituale di alcuni luoghi. Soprattutto non c'è uno standard. Basta una cripta, come nel caso di Pietracupa, oppure un edificio che non sembra neanche di questo mondo (anche perché assomiglia al castello ghiacciato di *Frozen*), come la basilica dell'Addolorata, in un piccolo borgo medioevale in provincia di Isernia.

8. IL PONTE DI ROCCAMANDOLFI

Qualcuno storce il naso perché non è un vero e proprio ponte tibetano, ma percorrere i suoi 234 metri a

140 da terra è comunque un'esperienza emozionante, trascendentale.

9. SANTA CROCE

È un piccolo paese in provincia di Campobasso. Ciò che lo rende unico sono le sue strade, una vera esplosione di colori. Merito dei murales che si trovano pressoché ovunque e sono realizzati dalla gente del posto e da artisti super affermati, che si stabiliscono qui per periodi più o meno lunghi, trasformando Santa Croce in una sorta di grande residenza d'artista.

Piemonte

1. LA CAPPELLA DEL BAROLO A LA MORRA

Nel 1999 era un edificio in rovina, dedicato alla Madonna e costruito una settantina di anni prima per dare riparo a chi lavorava nelle vigne, per esempio in caso di temporali. In quell'anno gli artisti Sol LeWitt e David Tremlett si ritrovano davanti a un bicchiere di Barolo e decidono di ridargli vita, e soprattutto colore: una cappella pop tra vigne e morbide colline.

2. GLI INNAMORATI DEL PARCO DEL VALENTINO

Nel parco più antico di Torino, accanto al Po, c'è una grandissima varietà di piante, fiori e... sculture. Una in particolare: *I lampioni innamorati*, letteralmente due lampioni piegati, seduti teneramente su una panchina, con un gattino che si stiracchia accanto. Una cosa semplice e forse proprio per questo emozionante.

3. LE PANCHINE GIGANTI

Per tornare bambini non c'è bisogno di dilapidare una fortuna in un parco dei divertimenti: basta andare nella zona Langhe e Roero, cercare e arrampicarsi sulle panchine colorate e giganti (così giganti che fai fatica a salire!), opera del designer Chris Bangle, e godersi il panorama da quella strana prospettiva, quella appunto di un bambino.

4. I PASTELLI IN PROVINCIA DI ASTI

A Coazzolo, in mezzo a un grande vigneto, dei pastelli giganti sostituiscono i pali di legno all'estremità dei filari delle viti. Arte e natura insieme: rigenerante.

5. NEANDERTHAL SUL LAGO

In mezzo al Lago Maggiore ci sono le Isole Borromee: l'Isola Bella (col suo palazzo e il suo splendido giardino), l'Isola Madre e l'Isola dei Pescatori, l'unica abitata.

E proprio qui, sul versante chiamato Verbano (ma stiamo comunque parlando di un lembo di terra di neppure 400 metri quadrati), ci sono degli scogli che affiorano dall'acqua e su questi scogli ci sono delle incisioni dette "coppelle", delle specie di scodelle rovesciate realizzate... centinaia di migliaia di anni fa, testimonianza di un insediamento preistorico in mezzo al lago: wow!

6. ESSERE NELLA TESTA DI UN SANTO

Sempre sul Lago Maggiore, ad Arona, c'è una delle statue più alte del mondo (35 metri). È dedicata a san Carlo Borromeo, si dice abbia ispirato la Statua della Libertà americana e la particolarità sta nel fatto che è possibile salire sulla cima e godersi la vista dall'alto: prima con una scala esterna, poi all'interno, sfruttando una scala a chiocciola che ti porta fino alla testa del santo. Lì potete godervi il panorama affacciandovi da alcuni fori realizzati in corrispondenza di occhi, naso e orecchie.

7. L'ORSO RICICLATO

A Torino, accanto al Teatro Colosseo, c'è un orso formato gigante realizzato con materiale riciclato, per lo più parti di auto e biciclette (ruote, paraurti eccetera).

Fa parte di una serie, *Big Trash Animal*, presente in tutto il mondo (dagli Usa all'Azerbaijan) realizzata dall'"artista ecologista" portoghese Bordalo II.

8. UNA "FETTA DI POLENTA"

Sempre a Torino, c'è un palazzo sottile sottile (la parete laterale misura appena 54 centimetri!), realizzato nel 1840 dall'architetto Alessandro Antonelli (quello della Mole) per sopperire alla mancanza di spazi e di permessi per costruire. Si chiama Casa Scaccabarozzi, ma i torinesi lo chiamano "Fetta di polenta" per via della forma e del colore giallo.

9. IL SOLE CHE (NON) C'È

Viganella è un piccolo paese in Valle Antrona, non lontano da Domodossola. Come tanti altri paesi in questa valle ripida e profonda ha un problema: le montagne che lo circondano oscurano il sole per più di 80 giorni all'anno, da novembre a febbraio. La soluzione? Una specie di specchio gigante posto sul fianco della montagna che riflette la luce del sole proprio sul centro del paese, l'unico al mondo a utilizzare questa soluzione tanto semplice quanto geniale.

Puglia

1. OSTUNI

È detta la "città bianca" per via del colore che caratterizza la maggior parte delle abitazioni, specie nel centro storico (che qui chiamano "la terra"). Perché tanto bianco? Perché è il colore della calce e qui di calce ce n'è in abbondanza, e ha una funzione igienizzante: metterla sui muri aiutava a combattere la diffusione della peste e di altre malattie. Infine il bianco riflette la luce del sole e, accecandoli, creava difficoltà ai potenziali invasori. Indipendentemente dalla motivazione, però, l'effetto resta fantastico.

2. ALBEROBELLO

Ok, è vero, non è un posto insolito, però... come si fa a parlare della Puglia senza parlare di uno dei suoi simboli? Patrimonio dell'Unesco, Alberobello è davvero un museo a cielo aperto. Un luogo suggestivo e magico, soprattutto per via dei pinnacoli e dei simboli disegnati sulle cupole dei suoi trulli, il cui significato non è mai stato del tutto compreso.

3. LA PIANA DEGLI ULIVI

Nella zona di Ostuni c'è una concentrazione di ulivi antichi anche 3000 (tremila!) anni, con circonferenze che raggiungono i 10 metri. L'area si può visitare percorrendo antichi sentieri, meglio se guidati da qualche associazione (come Millenari di Puglia); e meglio ancora se il giro contempla una visita ai frantoi e alle masserie della zona.

4. SANTA MARIA DI SIPONTO

Un misto di *street* e *land art*, restauro, archeologia e arte contemporanea. Una chiesa antica, ormai rudere, che torna a rivivere grazie a un'installazione, una struttura in rete metallica alta 14 metri che riproduce i volumi originari. Una specie di basilica fantasma che torna a vivere nel Parco Archeologico di Siponto.

5. L'ABBAZIA DI SAN VITO, NEI PRESSI DI POLIGNANO A MARE

Non è tanto la chiesa in sé, molto bella ma chiusa ai turisti a meno di eventi e manifestazioni, ma l'arrivarci dal mare, navigando tra scogli, saline e le barche colorate dei pescatori ormeggiate nel porticciolo, sul quale l'abbazia s'affaccia.

6. GRAVINA IN PUGLIA

Tutti parlano (giustamente) di Matera, ma a pochi chilometri di distanza c'è un altro gioiello incastonato nelle rocce, un altro mondo-fuori-dal-mondo, che tra vicoli, grotte, chiese e spaccature nel terreno è la *location* perfetta per film e sogni di ogni tipo.

7. LA GRAVINA DI RIGGIO

Un canyon immerso nella macchia mediterranea, tra fiori, ulivi e il canto degli uccellini che accompagna ogni passo. Caverne decorate con simboli preistorici e affreschi tuttora presenti. E in mezzo una cascatella che allevia ogni fatica del percorso per raggiungerla.

8. NON SOLO PANE

Altamura è famosa per il suo pane, e questo sarebbe già un buon motivo per passarci. Ma già che ci si passa, vale la pena uscire dalla città e contemplare l'orizzonte, ascoltare il silenzio e anche solo respirare sul margine del Pulo, una fossa gigante con un diametro di 700 metri, creata, secondo la leggenda, da un meteorite.

9. LE ISOLE TREMITI

Sono meno note delle Eolie, dell'Elba e via dicendo, ma questo non significa che siano meno belle, anzi! Tra le tante, vale la pena visitare le grotte marine, per esempio quella del Bue Marino, una cavità lunga 70 metri e alta 15 al cui interno c'è pure una spiaggetta, o quella delle Viole (entrambe sull'Isola di San Domino), caratterizzata dal colore viola dovuto alla presenza di un'alga particolare.

Sardegna

1. ORGOSOLO, IL PAESE DEI MURALES

La Sardegna non è solo mare, anzi l'interno è altrettanto interessante. Ma è duro, selvatico, generoso ma scontroso. Non si dà, non ti regala niente. Basta andare in Barbagia, nel cuore dell'Isola, e in particolare a Orgosolo, un paesino di quattromila anime, pastori, contadini, gente che parla poco. E allora fa parlare i muri. I murales sono circa 350, ma non pensate alla classica *street art* che potete trovare in città. Sono molto più "politici" (raccontano la vita dei pastori, le lotte, la miseria, la nobiltà), molto poco *mainstream*. Sono addirittura realizzati con vernice ad acqua, quindi facilmente deteriorabili: solo quelli meritevoli, nei quali la comunità si ritrova, vengono "ripassati". Gli altri restano solo nella memoria di chi ha avuto la fortuna di vederli: affrettatevi!

2. LA VALLE DELLA LUNA

In realtà si chiama Cala Grande, ma dagli anni Sessanta, quando una comunità hippy si è insediata da queste parti, vicino a Santa Teresa di Gallura, è diventata la Valle della Luna. La comunità resiste tuttora, tra grotte, tende e capanne di legno. Ma la cosa più impressionante è ciò che ci sta attorno, la natura: le rocce levigate dalle onde, il rumore del vento, il profumo di mirto e ginepro e, ovviamente, il mare.

3. GROTTE DI SU MANNAU

Accompagnato da una guida, ti infili nel cuore della terra e cammini per un'oretta su scale di metallo e passerelle sospese, tra rocce rossastre, cascatelle e grandi stalattiti. Un'immersione tra archeologia (millenni fa qui sorgeva un tempio per il culto dell'acqua) e natura.

4. INGURTOSU

Sulla costa occidentale, dove c'erano le miniere più grandi e produttive dell'Isola, ora c'è un villaggio (o meglio un'area) completamente abbandonato. Passare di qui significa attraversare ruderi di case e veri e propri borghi, resti di cantieri, materiali di scarto, grandi carrelli arrugginiti e addirittura una chiesa (Santa Barbara, patrona dei minatori).

5. PISCINAS

Se siete arrivati fino a Ingurtosu, continuate: dal villaggio fantasma si passa al... deserto, o qualcosa di molto simile. Chilometri di dune giallo-oro, modellate dal vento, alte anche più di cinquanta metri che proseguono fino a tuffarsi nell'azzurro del mare e del cielo. Non a caso la zona è chiamata la "perla" della Costa Verde ed è stata inserita tra le spiagge più belle del mondo dal "National Geographic".

6. SAN SALVATORE DI SINIS

A proposito di villaggi abbandonati... San Salvatore di Sinis (Oristano) si è trasformato in una specie di luogo di culto per gli appassionati di film western. In seguito al progressivo svuotamento, vista la somiglianza con i villaggi di frontiera americani (per esempio le casette che si affacciano sulla strada principale di terra battuta), è diventato un vero set cinematografico (per circa vent'anni, dalla fine degli anni Sessanta del secolo scorso all'inizio dei Novanta): Sergio Leone ha girato qui persino alcune scene di *Per un pugno di dollari*. Passateci a mezzogiorno. Di fuoco.

7. LA STONEHENGE SARDA

Pranu Muttedu è un sito archeologico caratterizzato dalla presenza di numerosi menhir (circa sessanta, da soli, in coppia, in piccoli gruppi), grandi pietre con funzione religiosa. Un misto tra Stonehenge e i moai dell'Isola di Pasqua. Il tutto immerso in un bosco di querce che meriterebbe di per sé.

8. LA ROCCIA DELL'ELEFANTE

Nel comune di Castelsardo (Sassari) c'è un grosso masso color ruggine che, a causa del costante lavorìo di vento e salsedine, ha assunto appunto l'aspetto di un elefante, diventando una sorta di monumento naturale. Anche se probabilmente un monumento lo era già da millenni, dato che al suo interno ci sono due *domus de janas* ("case delle fate" in sardo), sorta di tombe scavate nella roccia (in questo caso disposte su due livelli) che testimoniano la presenza di insediamenti preistorici sull'isola.

9. IL TRENINO VERDE

Esiste un modo alternativo per attraversare, anzi scoprire, la Sardegna: percorrerla lungo i binari che da centotrenta anni collegano la costa all'entroterra. Un viaggio lento, tortuoso, attraverso scenari naturali incontaminati e borghi sospesi nel tempo.

Sicilia

1. IL LABIRINTO DI ARIANNA A CASTEL DI LUCIO

Collocato in cima a una collina, riprende le influenze greche che caratterizzano l'isola e le stradine intricate dei suoi paesini. Un'opera di *land art* perfettamente integrata con il paesaggio. La caratteristica è che non c'è una serie di bivi ma ha una struttura circolare: cioè non ti perdi fisicamente ma coi pensieri.

2. IL SALTO DEI VENTIMIGLIA

Al termine di un vicolo nel cuore di Geraci Siculo (Palermo)... non c'è un termine, ma una prosecuzione in vetro e acciaio, una passerella che ti permette di camminare nel vuoto, affacciato e (per via del pavimento in vetro) sospeso su un panorama fantastico (i Monti Nebrodi, l'Etna, persino le Eolie). Si dice: "affaccio urbano" si legge: "attenzione alle vertigini".

3. L'ISOLA DELLE CORRENTI

Girare per Portopalo di Capo Passero, Siracusa, il comune più a sud d'Italia (se si esclude Lampedusa), dà una sensazione strana, una specie di vertigine, come se al di là del mare ci fosse il vuoto. Invece proprio davanti alla spiaggia c'è un'isoletta col suo faro che la gente del posto chiama Isola delle Correnti perché è dove si incontrano il mar Ionio e il Mediterraneo. E da questo incontro viene fuori uno spettacolo di forme e colori unici: cinquanta sfumature di blu.

4. SALINE DELLO STAGNONE

Sulla costa occidentale, tra Trapani e Marsala, c'è questo deserto bianco, fatto di cumuli di sale che brillano al sole e riflettono le acque del mare. Che si fondono col cielo e di sera assumono un'incredibile colorazione rosa. Uno dei tramonti più belli che io abbia mai visto.

5. L'ORECCHIO DI DIONISIO

Il parco archeologico di Siracusa non è certo insolito o ignoto, ma al suo interno c'è una grotta artificiale, profonda 65 metri e alta più di 20, che non può non suscitare curiosità. Soprattutto per il modo in cui era utilizzata. Qui il tiranno di allora, Dionisio, rinchiudeva gli oppositori e, sfruttando l'incredibile cassa di risonanza prodotta dalle pareti, ascoltava i loro bisbigli e i loro segreti.

6. IL GIARDINO INCANTATO DI SCIACCA

La storia vuole che all'inizio del Novecento Filippo Bentivegna detto "Filippu di li testi" emigri in America in cerca di fortuna e che invece della fortuna riceva un colpo alla testa così forte da procurargli seri danni cerebrali. A quel punto, rispedito in Italia perché "incapace e improduttivo", decide di comprare un terreno ai piedi del monte San Calogero, nell'Agrigentino, e si mette a incidere e scolpire volti umani su ogni roccia o tronco d'albero gli capiti sotto mano. La gente del posto lo chiamava "matto", lui si faceva chiamare "Eccellenza". E forse, visto il risultato, aveva ragione lui.

7. LA GROTTA MANGIAPANE A CUSTONACI

Un insieme di casette scavate direttamente nella roccia, all'interno di una gola alta 70 metri, larga 13 e profonda una cinquantina. Le casette sono state abitate per tutto l'Ottocento, ma è probabile che l'anfratto fosse popolato sin dalla preistoria. Adesso il piccolo borgo è disabitato, e rivive solo nel periodo di Natale, quando ci allestiscono il presepe vivente. Oppure negli occhi di chi lo visita in qualunque periodo dell'anno.

8. IL TEATRO ANDROMEDA A SANTO STEFANO QUISQUINA

Lorenzo Reina è un pastore con una passione per l'arte. E questa passione lo porta a costruire, tra i suggestivi Monti Sicani, in provincia di Agrigento, uno dei luoghi più incredibili dell'intera regione, qualcosa che sta in mezzo tra la *land art* e il teatro. Fa tutto lui, in trent'anni: il palco circolare, i posti a sedere costituiti da cubi di pietra che rispecchiano il numero (108) e la disposizione delle stelle della costellazione di Andromeda, le sculture che accompagnano l'ingresso… Esperienza stellare!

9. LA KASBAH SICILIANA

Nel cuore di Mazara del Vallo, a 200 chilometri dalle coste tunisine, il canto del muezzin si mescola alle campane della chiesa, l'arabo al dialetto, i murales alle ceramiche decorate, e poi i colori, i profumi, le voci… Si direbbe un posto all'avanguardia, se non fosse che è vecchio di secoli, come secolare è il rapporto che lega arabi e siciliani.

Toscana

1. LE API DI FIRENZE

Al centro di piazza Santissima Annunziata c'è il monumento equestre del Granduca Ferdinando I de' Medici e sulla base è scolpito uno sciame d'api in bronzo, disposto in una serie di cerchi concentrici sfalsati con l'ape regina nel mezzo: la leggenda vuole che chi riesce a contarle senza toccarle o indicarle sarà baciato dalla fortuna.

2. CLET E LA STREET ART DI FIRENZE

Clet è un artista francese che modifica i cartelli stradali, ci aggiunge sagome, li colora e rende vivi: nessuno (probabilmente neanche lui!) sa quanti ne ha lasciati in giro per la città.

3. LE UNGHIE DEL DIAVOLO

Nella Piazza dei Miracoli di Pisa, lungo la fiancata del Duomo noterete dei piccoli fori "scolpiti" nel marmo: sono le unghie del diavolo, che si è arrampicato fin sul tetto per impedirne la costruzione. Curiosità: si dice che nessuno riesca a contare quanti buchi siano, e in effetti ogni volta viene fuori un numero diverso!

4. LA SPADA NELLA ROCCIA

L'Abbazia cistercense di Montesiepi, a una trentina di chilometri da Siena, conserva la *vera* spada nella roccia: a San Galgano, mica ad Avalon!

5. PITIGLIANO

Ci sono dei posti che non si possono spiegare. Bisogna andarci, sentirne le *vibes*, lasciarsi conquistare. Pitigliano, borgo medioevale arroccato su una rupe di tufo nel cuore della Maremma Toscana, è uno di questi.

6. LA VIA DELL'AMORE

Pienza è una piccola meraviglia a due passi da Siena e il suo centro storico è un labirinto di vicoli e stradine con nomi davvero particolari. C'è via del Buio, via della Fortuna e soprattutto ci sono via del Bacio e dell'Amore. Non è un caso che Zeffirelli l'abbia scelto come set per il suo *Romeo e Giulietta*.

7. LA VAL D'ORCIA

È il cuore verde della Toscana, il luogo giusto per isolarsi da tutto e tutti. Per riposare, per lavorare in smartworking, per ascoltare il silenzio, per assaggiare sapori antichi e soprattutto correre nei prati liberi da ogni pensiero.

8. L'ORTO SULLA TORRE

La torre Guinigi è alta quasi 50 metri e per arrivare in cima bisogna salire 230 gradini, gli ultimi stretti e molto ripidi. Ma ne vale la pena, visto che dalla cima c'è una *view* pazzesca di tutta Lucca. I suoi tetti color mattone, i campanili e le stradine, e poi, allungando lo sguardo oltre le mura, il verde delle campagne e i monti che le circondano. E poi, sul terrazzo, ci sono sette piante di leccio che ne fanno uno dei giardini più alti del mondo, quasi come il mio amato Bosco Verticale di Milano!

9. ASCIANO

Il borgo, bellissimo, e le campagne che lo circondano, suggestive. Colli, cipressi, cielo azzurro. Ma anche la terra brulla, quasi lunare in autunno. Puoi catturare tutta la Toscana in un *clic*.

Trentino-Alto Adige

1. IL SENTIERO DELLE AQUILE

La cima della Paganella (oltre 2000 metri), con la vista a 360 gradi sulla regione (dalle Dolomiti al Lago di Garda) meriterebbe una visita di suo, ma vuoi mettere inerpicarti lungo un sentiero di montagna, con il vuoto accanto e il rischio di distrarti tanta è la bellezza che attraversi? La meta finale, il Trono dell'Aquila, ripaga di ogni fatica. Ma anche la Fonte della Giovinezza che troverete poco prima, in una piccola grotta da cui sgorga l'acqua magica: chi sa mai che funzioni per davvero...

2. LA CASCATA DEL VARONE

Percorrere una passerella che s'insinua in una grotta e invece dell'oscurità trovare una cascata alta 100 metri che cambia colore grazie alle luci posizionate all'interno. Un consiglio: non fate come me, portatevi l'impermeabile, altrimenti rischiate di uscire peggio che sul Colorado Boat di Gardaland.

3. LAGO DI TENNO

Già che siete in zona dovete assolutamente visitare anzi riflettervi nel Lago di Tenno (che alimenta proprio la cascata del Varone) che io chiamo il "lago specchio" per via delle sue acque turchesi che, appunto, riflettono tantissimo.

4. IL PERCORSO BUSATTE-TEMPESTA

In teoria è un percorso adatto a tutti, ma se soffrite di vertigini... be', vi aspetta una bella sfida. Comincia con un sentiero a picco sul Lago di Garda e continua con una ripida scalinata immersa nel verde che conduce a un belvedere stupendo, con il lago e le montagne che insieme formano un cuore.

5. SCAPPATE SCAPPATE, LE STREGHE SONO TORNATE

Nella valle di Comano c'è questo piccolo paesino, Baldi, con i muri delle case dipinti e la statua costruita con la tecnica della cesta più grande del mondo (un intreccio di legno e bambù alto più di 10 metri). Ma la cosa particolare non sono né i murales né la statua quanto il soggetto: le streghe. Già, perché questo è il paese delle streghe. O almeno lo sostenevano alcuni abitanti. Peccato che, allora, fossero tutti ubriachi! L'ubriachezza è passata, il mito delle streghe (comunque benevole, al massimo dispettose) no, e Baldi merita una visita.

6. IL BOSCOARTESTENICO

Non lontano dalle terme di Comano (altro posto top), proprio sopra il paesino di Stenico c'è un bosco con diverse installazioni realizzate con materiali naturali, tutti provenienti dal bosco stesso (tronchi, rami eccetera). Arte e natura insieme: *what else*?

7. PASSO PORDOI

A più di 2000 metri vi aspetterà un magico paesaggio trentino, con un'altrettanto magica terrazza panoramica. Il posto si trova a 12 chilometri da Canazei, vi basta prendere la funivia per toccare il cielo.

8. IL LAGO DI BRAIES, IN ALTA PUSTERIA

È il classico lago di montagna, se per "classico" s'intende uno specchio d'acqua color smeraldo, circondato dalle pareti delle Dolomiti e dal verde brillante di una natura felice. Un set paradisiaco, che infatti è stato utilizzato per diverse stagioni nella serie *Un passo dal cielo*.

9. IL LAGO DI CAREZZA

Un altro lago, già. Un'altra meraviglia della natura. Osservare le sue acque è come osservare l'arcobaleno (infatti è detto "lago dell'arcobaleno"): giallo, rosso, verde, azzurro... sembra magico! E forse lo è per davvero perché si racconta che sul fondale si nasconda una sirena...

Umbria

1. IL POZZO DI SAN PATRIZIO

Vicino alla cattedrale di Orvieto (atomica!) c'è questa specie di torretta con due ingressi distinti da cui partono due scale a elica che conducono alla base del pozzo (a una cinquantina di metri di profondità, pari a 248 gradini) senza mai incrociarsi (in modo che chi sale non intralci chi scende, specie se è carico d'acqua e magari a bordo di un mulo). Risale al 1500 e serviva tanto a garantire acqua alla città sotto assedio quanto come nascondiglio.

2. LA FIORITURA A CASTELLUCCIO DI NORCIA

Se potete, fateci un salto tra fine primavera e inizio estate: la vallata che si allunga ai piedi del borgo diventa un tappeto di colori mosso dal vento. Le specie floreali sono innumerevoli, papaveri, viole, narcisi... un'esplosione unica al mondo.

3. LA CASA DEL CONTADINO

La *wave* medioevale permea ogni centimetro di Corciano, in provincia di Perugia, pure l'aria. Per un'immersione completa vale la pena passare per il Museo della Casa Contadina, che ripropone le condizioni di vita e gli strumenti quotidiani dei primi del Novecento (dagli attrezzi per lavorare nei campi al letto col materasso di foglie, al macchinario per fare il pane).

4. LA CITTÀ IDEALE

Come dovrebbe essere la città ideale? O meglio com'è la città ideale nella mente di un architetto che dire architetto è dire poco? Per scoprirlo potete visitare la Scarzuola di Montegabbione, in provincia di Terni. Lì dove san Francesco in cerca di solitudine aveva costruito una capanna e anni dopo era stato edificato un convento in suo onore, l'architetto milanese Tomaso Buzzi ha realizzato una "città-teatro" che in realtà è una scenografia fantastica piena di rimandi esoterici, costituita da una serie di "palchi" ispirati a opere esistenti (come l'Acropoli di Atene e Villa Adriana a Roma) e addossati l'uno all'altro. Più che città ideale, un viaggio nell'irreale.

5. IL TEATRO PIÙ PICCOLO DEL MONDO A MONTECASTELLO DI VIBIO

Inaugurato nel 1808, si chiama Teatro della Concordia e comprende 99 posti suddivisi tra palco e platea. Al mondo, in realtà, ne esistono di più piccoli, ma è l'unico a riprodurre in scala la struttura tipica (e in legno) dei teatri italiani dell'epoca.

6. LA CALAMITA COSMICA DI FOLIGNO

In realtà non è una calamita, ma una scultura del 1988 dell'artista Gino De Dominicis posta nell'ex chiesa della Santissima Trinità. Si tratta della riproduzione (lunga 24 metri, larga 9 e alta 4) di uno scheletro umano steso a terra, con l'aggiunta di un grande becco al posto del naso e un'asta dorata in equilibrio tra le dita, cioè le ossa, della mano destra. Il significato? Non è chiarissimo. Ma forse è questo il segreto.

7. LE GOLE DEL NERA

Lì dove c'era il tratto ferroviario che univa Narni a Nera Montoro, in provincia di Terni, adesso c'è un percorso da fare in bici (ma anche a piedi) che costeggia il fiume Nera e termina presso un laghetto così limpido che si vedono le rocce sul fondo (probabilmente il "lago dalle acque argentee" di cui scriveva C.S. Lewis, grande appassionato di queste zone, nelle *Cronache di Narnia*). Cinque chilometri di natura incontaminata (a parte qualche resto risalente agli antichi romani, come il ponte di Augusto o un cantiere navale romano sommerso), lontano da tutti e tutto.

8. SANTUARIO DELLA MADONNA DEL BAGNO

Vicino a Deruta, la città della ceramica, c'è una piccola chiesa tappezzata da centinaia di mattonelle dipinte a mano, alcune antichissime, che valgono come ex voto. Si racconta che a fondarla sia stato un mercante, un certo Cristoforo, nel 1687: tornando da un viaggio, nota per terra un frammento di maiolica raffigurante la Madonna, proprio dove ora sorge il santuario. Così lo raccoglie e lo fissa tra i rami di un albero. Poco dopo sua moglie si ammala e lui torna e prega proprio quella Madonna.

E visto che, una volta rincasato, trova la moglie miracolosamente guarita è il primo a porre l'ex voto in quest'area (che ora ne conta oltre settecento).

9. LA VENEZIA DELL'UMBRIA

La chiamano così, ma è un nomignolo un po' fuorviante: Venezia è un luogo "enorme", "inquieto", che trabocca di arte e storia. Rasiglia, vicino a Foligno, è l'opposto: è un borgo fatto di silenzi, di pace, di natura. In comune c'è l'acqua (e la bellezza). Infatti anche qui c'è un corso d'acqua chiara, di montagna, che con una morbidezza tutta umbra scorre tra vecchie case di pietra, strette strade e lavatoi, si trasforma in cascatelle, sbocca nella pescheria, un piccolo laghetto dove un tempo si allevavano pesci e gamberi di fiume, e nel fiume che costeggia a valle il paese.

Valle d'Aosta

1. L'ORRIDO DI PRÉ-SAINT-DIDIER

Camminare su una passerella d'acciaio a 160 metri d'altezza, sospesi nel bel mezzo di una gola, e (vertigini permettendo) godersi un panorama unico sulla cascata dell'Orrido, il fondovalle e ovviamente la catena del Monte Bianco. Emozioni forti in una natura ancora più forte.

2. LE CASCATE DI LILLAZ

Non sono immense (150 metri di altezza), non sono tracimanti eppure rappresentano uno degli scorci più suggestivi del Gran Paradiso. Grazie ai sentieri che le accompagnano è possibile osservare i tre salti che le compongono e le rendono uniche, differenziandole dalle classiche cascate verticali.

3. UN PO' DI GERMANIA NELLA VALLE DI GRESSONEY E DI AYAS

Nel cuore di una regione italiana che ha un forte legame con la Francia ci sono i villaggi Walser, fondati nel Medioevo da una popolazione di origine germanica che nel tempo ha mantenuto forte la sua identità e il suo legame con le tradizioni, soprattutto per quanto riguarda i costumi, la lingua e le architetture. Fatevi un giro ad Alagna, Ayas e Gressoney per vedere le case caratteristiche, gli stadel, con la parte inferiore in pietra e sopra legno della zona, il tutto rigorosamente ecosostenibile. Da secoli.

4. LA SKYWAY DEL MONTE BIANCO

È tutto fuorché un posto insolito ed economico, ma se capita non perdetevi l'occasione di farvi un giro sulla funivia, che è più simile a un'astronave e vi porta su su fino ai 3466 metri di Punta Helbronner, a tu per tu con la cima del Monte Bianco, il punto più alto d'Italia (4810 metri).

5. L'OSSERVATORIO ASTRONOMICO DI SAINT-BARTHÉLEMY

L'area di Saint-Barthélemy, nel cuore della regione, è costituita da boschi, prati e montagne che superano i 3000 metri, è lontana da fonti di inquinamento luminoso ed è perciò l'ideale per osservare il cielo. Non è un caso che dal 2003 sia attivo l'Osservatorio astronomico della Valle D'Aosta, che con i suoi potenti telescopi (e molte altre strumentazioni) permette un'esperienza davvero spaziale.

6. CASTEL SAVOIA

La Valle d'Aosta, con i suoi 120 castelli, è la regione più "fortificata" d'Italia. Ovunque ti volti, ne scorgi uno, meglio se in cima a una rocca o a una collina. Se devo proprio consigliarne uno, dico il Castel Savoia, ma solo perché è quello che più ricorda i castelli delle fiabe, con le torrette e i pennacchi che sbucano in mezzo al bosco. È un castello "moderno" (è stato costruito ai primi del Novecento per volere della regina Margherita di Savoia) ma sembra davvero senza tempo. Il castello come lo disegnerebbe un bambino.

7. IL GIARDINO BOTANICO PIÙ ALTO D'EUROPA

Si chiama Saussurea, sorge a 2173 metri di altitudine, sulle pendici del Monte Bianco, e permette di ammirare le diverse specie alpine senza vincolarvi a un percorso predeterminato (a meno che non si decida di seguire una visita guidata).

8. IL MINUSCOLO VILLAGGIO ALPINO

Cheneil (frazione di Valtournenche) è un minuscolo villaggio, perfetto per chi ama la natura e il silenzio. Non si può arrivare in macchina ma solo a piedi o con una piccola filovia, una sorta di ascensore da 6 posti. Ci abita una decina di persone. Oltre agli animali (volpi, camosci, stambecchi e aquile) che si aggirano nei dintorni. C'è però un albergo con ristorante. Il resto è valle e montagne, è natura e silenzio.

9. IL PONT D'AEL

Merita per diversi motivi. Perché è un'opera che risale al 3 a.C. ed è ottimamente conservata. Perché permette di attraversare un torrente piuttosto turbolento. Perché è (ok, era) ponte e acquedotto insieme, c'era cioè un "piano superiore" che permetteva il passaggio dell'acqua e uno inferiore dove transitavano uomini e animali. Ed è questa la parte più interessante, perché la vecchia pavimentazione è stata sostituita con una lastra di vetro, e quando la si percorre sembra di camminare nel vuoto, sospesi a una sessantina di metri dal fondo della gola.

Veneto

1. IL MACIGNO SOSPESO

Sulle rive venete del Lago di Garda, nei pressi di Brenzone, lo chiamano *balòt tacà via*: è un enorme masso franato da chissà dove e rimasto sospeso, incastrato tra le pareti rocciose del grande canyon che lo ospita da chissà quando. Suggestivo, soprattutto quando lo osservi da sotto (e non ti senti semplicemente piccolo piccolo, ma proprio minuscolo). Com'è suggestivo il trekking che ti ci porta, una camminata di circa un'ora in questa gola, lungo il letto in secca di un torrente.

2. IL RISTORANTE ABBANDONATO DI VILLAMARZANA

Si chiamava Michelangelo Da Vinci e nei primi anni Duemila era un ristorante di successo della provincia di Rovigo, anche perché la *location* faceva la differenza: due aerei in disuso, collegati da una torre di controllo che fungeva da cucina. Ora il ristorante non c'è più ma la *location* (che, vale la pena ricordarlo, è proprietà privata) è rimasta.

3. OSTERIA E PARCO GIOCHI AI PIOPPI

Nel 1969 Bruno Ferrin vende lieviti e farine. Visto che nel pomeriggio i fornai non lavorano e a lui non piace stare con le mani in mano decide di aprire una piccola osteria in un bosco di pioppi. Ma si rende conto che, una volta mangiato quel che devono mangiare, i bambini si annoiano, così costruisce prima un'altalena poi... non si ferma più: fabbrica uno scivolo, uno scivolo più grande, uno lungo sessanta metri, poi rulli, ruote, giostre, bob... oltre 40 attrazioni con una caratteristica che rende il suo parco unico: è tutto costruito a mano e tutto funziona senza corrente elettrica.

4. L'ISOLA DI PELLESTRINA

Va bene Venezia, va bene Chioggia, vanno bene Sottomarina e Burano, ma in quella zona, proprio in mezzo alla laguna, c'è anche l'isola di Pellestrina, una striscia di sabbia e terra con casette colorate, spiaggia libera, mare limpido e un'atmosfera completamente diversa da quella delle sue "sorelle maggiori".

5. I CASONI

Per vederli basta prendere la bici o salire a bordo di una barca (meglio: un "bragozzo") e attraversare la laguna di Caorle. Compaiono sulle sponde dei canali e per un attimo sembra di fare un salto indietro nel tempo, o in un altro continente. I casoni sono capanne di canna e legno col pavimento in terra battuta utilizzati dai pescatori della zona, esperti cacciatori di anguille e branzini. Alcuni sono in rovina, alcuni perfettamente conservati e funzionanti.

6. L'ORTO BOTANICO DELL'UNIVERSITÀ DI PADOVA

Fondato nel 1545 a due passi da Prato della Valle è il più antico orto botanico al mondo (oltre a essere Patrimonio dell'umanità dell'Unesco). Al suo interno si trova la magia della natura (gli odori, i colori... uno spettacolo) e della conoscenza. In particolare, da qualche anno c'è il Giardino della biodiversità, una specie di maxi serra che sembra l'opera di un archistar e ospita oltre 1300 specie di piante e alberi provenienti da tutto il mondo.

7. IL MOLINETTO DELLA CRODA

Immerso nel verde, nella valle del Lierza, in provincia di Treviso, sul ciglio del torrente c'è un mulino ancora attivo, l'ultimo della zona. Bello il mulino, di origine medioevale, belli il contesto, il bosco, la piccola cascata e il torrente che fa girare la grande ruota, e bella l'idea di un luogo fuori dal tempo. Da favola.

8. L'ALTAR KNOTTO

È una grande roccia dalla forma particolare, quasi una sfinge, che poggia a strapiombo sull'Altopiano di Asiago. In realtà non è solo una "grande roccia dalla forma particolare", ma probabilmente l'ultimo tempio pagano in Italia. O qualcosa di simile. Con altre due località, l'Altaburg e l'Alta Kugela, formerebbe un "triangolo magico", anzi sarebbe il suo vertice, luogo ideale per sacrifici di ogni genere. Oppure sarebbe la dimora di nani e altre creature magiche. Comunque la si pensi, resta un posto particolare e quando arrivi lassù e ti affacci sulla valle sottostante qualcosa di speciale lo percepisci.

9. L'ACQUA ALTA A VENEZIA

In genere è un problema. Non in questo caso, visto che la Libreria Acqua Alta è un posto unico. Non ci entri (solo) per acquistare un libro, ma per fare un viaggio tra gatti sonnacchiosi, gondole, timoni, grandi catini di legno e scorci unici sulla città.

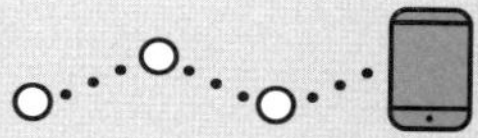

PLAYLIST

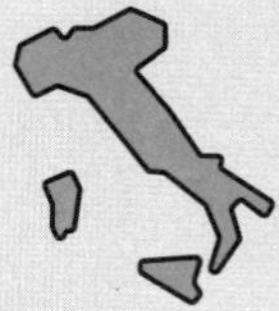

Rumore – Raffaella Carrà

Minuetto – Mia Martini

Maledetta primavera –
Loretta Goggi

Se telefonando – Mina

Comunque andare –
Alessandra Amoroso

Ti vorrei sollevare – Elisa

Io non abito al mare –
Francesca Michielin

Paracetamolo – Calcutta

Svegliarsi la mattina –
Zero Assoluto

CHECK-LIST

Stavolta, più che portare da casa qualcosa di utile per il viaggio, portiamoci a casa i sapori, gli odori e i colori della tradizione gastronomica italiana.
Rigorosamente *low cost*.

- [ ] ABRUZZO: arrosticini
- [ ] BASILICATA: peperoni cruschi
- [ ] CALABRIA: cururicchi
- [ ] CAMPANIA: cuoppo di zeppolelle fritte
- [ ] EMILIA-ROMAGNA: piadina
- [ ] FRIULI VENEZIA GIULIA: frico
- [ ] LAZIO: trapizzini romani
- [ ] LIGURIA: focaccia di Recco
- [ ] LOMBARDIA: mondeghili

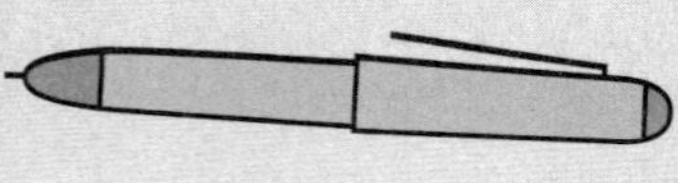

- ◯ MARCHE: olive ascolane
- ◯ MOLISE: frittura di pesce
- ◯ PIEMONTE: gòffre (salati o dolci)
- ◯ PUGLIA: panzerotti
- ◯ SARDEGNA: seadas
- ◯ SICILIA: arancina (a Palermo, arancini altrove)
- ◯ TOSCANA: cecina
- ◯ TRENTINO-ALTO ADIGE: brezel
- ◯ UMBRIA: torta al testo
- ◯ VALLE D'AOSTA: panino con mocetta e fontina
- ◯ VENETO: tramezzini

Budget

Cose che non so
(appunti e scarabocchi)

9

VIAGGIARE CON TIKTOK (E NON SOLO)

Questo è un *bonus chapter*, più di carattere formativo che informativo. Non racconta un viaggio verso una meta specifica, ma il **viaggio dentro me stesso**, verso la mia realizzazione. Ed è un capitolo che dedico a tutti coloro che hanno voglia di fare della loro passione un lavoro (nell'ambito che ciascuno preferisce).

Premessa che nessuno vi dice: non esiste una formula magica per il successo, o meglio, una formula, una strategia, delle regole da seguire possono anche esistere, ma non danno alcuna garanzia.

Mentre sto scrivendo questo libro, sinceramente non ritengo ancora di averlo ottenuto, il famoso successo. Ho raggiunto così tante persone senza aver avuto il tempo di capire bene quel che stava accadendo. Così, quando mi chiedono: "Cosa ha fatto la differenza nella tua comunicazione?", rispondo: "Me stesso".

Come ho raccontato all'inizio, mi sono sempre sentito un po' diverso. Non mi piaceva ciò che piaceva ai miei coetanei: non bevevo, non fumavo, non andavo in discoteca, insomma non facevo tante di quelle cose che si fanno in adolescenza, perciò ho sempre avuto un po' di **paura** a comunicare le mie passioni. Fondamentalmente temevo di essere giudicato, e di non trovare nessuno che le condividesse. Mi sbagliavo. Oggi conto su un milione di persone che mi seguono e adorano ciò che faccio perché ci si ritrovano, e apprezzano il fatto che permetto loro di viaggiare virtualmente e a volte anche fisicamente.

Quello che mi sento di dire, e che vorrei che vi rimanesse da questo libro, è che a fare la differenza siete voi, nessun altro. Non abbiate paura di comunicare ciò che siete, fatelo in modo autentico, **senza filtri**, senza Photoshop né tante parole, senza cercare di essere uguali agli altri. Chissenefotte dei cosiddetti standard della società!

→

Siate voi stessi. Siate le vostre emozioni. Siate il vostro mondo. Ciò che conta è il vostro carattere, quello che fa la differenza siete voi.

←

Se c'è un posto dove potete esprimere la vostra personalità è sicuramente **TIKTOK**. Ed è il posto giusto dove poter trasformare la vostra personalità e le vostre passioni in un vero e proprio lavoro.

... Già, ma cos'è TikTok? E come si usa?

Per chi non avesse troppa confidenza con questa piattaforma e con i social in generale, ho preparato una sorta di **piccola guida** in 9 consigli, che spero possa esservi utile durante il viaggio nelle vostre passioni.

Pronti?

Cominciamo!

1. Comunicare

Per lavorare sui social media non è sufficiente "postare qualcosa". Questo è un pensiero diffuso eppure sbagliatissimo. Non avete idea di quanto tempo io impieghi a creare i miei contenuti!

Perciò la primissima cosa da fare è scegliere la **piattaforma corretta**, la più adeguata a quel che volete comunicare. Semplificando, YouTube funziona per i video lunghi, Instagram per le foto, e il magico mondo di TikTok, che poi è quello che più mi rispecchia, per i video brevi.

Inoltre, comunicare non significa semplicemente condividere tutto quel che passa per la testa. Bisogna chiedersi sempre: "Sto comunicando nel modo giusto? Mi ascolterei se fossi un mio follower? Sto dicendo delle cazzate oppure quel che dico è corretto?".

Ricordate che anche se non ve ne rendete conto, attraverso i social media **influenzate** le persone, non importano i vostri numeri o quanto conosciuti siate: è molto importante ciò che dite e come lo dite. Perciò è fondamentale curare la comunicazione e renderla "vostra".

Ecco **9 regole** per comunicare bene sui social media secondo la mia personale esperienza:

- Sii autentico: credi sempre in quello che dici.
- Sii coerente: solo così chi ti segue potrà fidarsi di te.
- Non ti vendere.
- Metti i tuoi valori al primo posto.
- Le immagini che posti rispecchiano chi sei.
- Scegli il tuo colore e usalo per comunicare.
- Scegli la piattaforma che si addice al tuo *tone of voice*.
- Elabora format di comunicazione che solo tu puoi e sai fare.
- Sii positivo, ricordando che i momenti no arrivano per tutti.

2. Cos'è TikTok?

In estrema sintesi, è una piattaforma dove potete trovare brevi video che trattano diversi argomenti, dal *fashion* alle curiosità, dalla cucina alla medicina, al *travel*, come nel mio caso. Con TikTok io mi sono specializzato nella ***travel creation***, che mi ha aperto tantissime porte di cui non avrei mai pensato anche solo di poter toccare la maniglia.

Questa piattaforma cinese è diffusa ormai in tutto il mondo e viene utilizzata da tutti: sfatiamo questo mito che è soltanto per ragazzini perché, ehi, io ho venticinque anni e la sto usando per **lavoro**.

3. Cosa postare

Ciò che vi rappresenta, che vi interessa, che in qualche modo garantisce autenticità. Su TikTok potete essere voi stessi. Non ci sono filtri, siete voi, le vostre passioni e i vostri video da 15 secondi o al massimo 3 minuti (se proprio siete logorroici!). Volete mostrare come curate il giardino? Fatelo! Volete mostrare come si munge il latte? Fatelo! L'importante è essere **sinceri**, con se stessi e con gli altri.

4. La vostra nicchia

Dopo essere entrati in TikTok, dovrete scegliere la vostra **nicchia**: su cosa specializzarvi, per cosa vorreste essere riconosciuti e via dicendo.

POP-UP

Non sono tra quegli influencer a cui rompono le scatole dalla mattina alla sera, ma capita che mi imbatta in qualche *hater*. In genere si tratta di persone invidiose. Mi vedono viaggiare e dicono: "Ma stattene a casa, sei sempre in giro, quanti soldi hai?", e cose del genere, senza sapere gli sbatti, i sacrifici che ci sono dietro.
Tuttavia è proprio a una *hater* che devo il mio *nickname*. In una chat in cui si parlava dei vari *creator*, una tipa scrive: "A me sta sul cazzo quello che viaggia", cioè io. E allora sapete che cosa mi sono detto? Trasformo questo insulto in un titolo! In fondo mi piace, mi attribuisce una competenza, un'identità. E in qualche modo definirmi "quello che viaggia" mi ha portato fortuna.

TikTok è una community e ogni tiktoker ha una propria specializzazione, si va da chi è esperto di moda sostenibile a chi di viaggi a 9,99 euro: l'autorevolezza nel proprio ambito è fondamentale.

5. Il *vostro* contenuto

Lo so, questa cosa dell'autenticità l'ho ripetuta mille volte. Ma è davvero così che funziona, perché alla base dell'autenticità c'è la personalità. E ogni personalità è unica, ogni persona ha qualcosa da esprimere e quel qualcosa è ciò che la rende diversa, **riconoscibile** tra tanti. Prendete quel pezzettino di voi e buttatelo dentro un video di TikTok: vi renderà unici (che poi è quello che siete).

6. "Per te"

L'obiettivo di tutti i tiktoker è finire in questa pagina, che altro non è che la schermata che ti esce appena apri l'app. Più rimani su questa pagina più il tuo video prenderà ***views*** e più guadagnerai (perché sì, con TikTok e i video che posti si può anche guadagnare)!

7. Arrivare (e restare) nei "Per te"

Nessuno conosce la formula magica per finire nella pagina dei "Per te", ma di sicuro ci sono diversi piccoli segreti. Per esempio, far sì che l'utente guardi il vostro video fino alla fine. Questo fattore si chiama *watch time*: più tempo riuscirete a tenere qualcuno incollato allo schermo più il vostro video sarà **virale**.

Già, ma come si fa a capirlo? Come si fa a sapere che un video funzionerà? Per quanto mi riguarda, prima di postare mi chiedo sempre: "Lady Gaga lo guarderebbe? E, nel caso, lo guarderebbe fino in fondo?". Ecco, se la risposta è negativa... lo posto comunque! Con il rischio che non diventi virale. Diciamocelo: la viralità è importante ma non è tutto. Magari ti consente di arrivare a un pubblico maggiore, ma ciò che conta per davvero è il valore che porti sull'applicazione. Che può essere immenso. Per questo quando create un contenuto pensate: "Con questo contenuto sto aiutando qualcuno? Sto andando incontro a un suo bisogno?". Ricordate sempre che non lo state creando per voi stessi: il contenuto che proponete deve **aiutare** il prossimo.

8. I trend

Su TikTok ogni settimana ci sono dei **trend**, che ti mettono alla prova, ti fanno divertire o informano (si trovano nella sezione Scopri, secondo bottone in basso a sinistra). Guardandoli capirete cosa va di moda. Però ricordate: la moda dovete renderla vostra. Fate un trend, ci sta, ma ricordate che non basta seguire la massa. Perciò, sì, fatelo, ma in maniera differente, fedele al vostro mondo.

9. Creare un video

Appena entrate nella pagina principale dell'applicazione, noterete un bel segno +, premetelo e vi porterà nella sezione Crea, dove potrete trovare tutti gli effetti e i suoni da utilizzare per creare ciò che più vi piace.

POP-UP

Ecco 9 app per la produzione di contenuti *travel*:

VIDEO EDITING:
1. TikTok
2. Inshot
3. iMovie
4. Quik Video Editor
5. Videoleap

PHOTO EDITING:
6. Lightroom
7. TouchRetouch

CERCARE POSTI:
8. Tripadvisor

SEGNALARE DOVE SEI STATO:
9. Places Been

A quel punto, una volta caricato il contenuto... il viaggio comincia.

Ricordate: è un viaggio imprevedibile, con incontri sorprendenti, coincidenze perse all'ultimo minuto e strade che si spalancano di fronte a voi all'improvviso. E proprio questo è il bello.

Non precludetevi niente. Non fatevi spaventare e non lasciatevi condizionare. E tenete a mente che non è la destinazione, ma il viaggio che conta: non abbiate paura di partire!

Sono sicuro che ora vi starete chiedendo: "Bastano queste 9 regole per diventare qualcuno su TikTok?".

In parte. Prima, però, c'è la formazione, che è la base, il fondamento su cui costruire ogni cosa.

Ecco perché voglio raccontarvi il mio percorso universitario, con focus sul *summer program* che ho fatto alla Boston University nell'estate del 2018.

Quello sì che mi è servito per capire chi fossi, dove stessi andando e soprattutto **dove volessi andare**.

Io sono uno psicologo, laureato all'Università Cattolica del Sacro Cuore di Milano. Per i primi tre anni ho frequentato la facoltà di Scienze e Tecniche Psicologiche – psicologia, in parole povere – e al tempo non avevo chiaro cosa volessi fare nella vita. Fondamentalmente avevo fatto quella scelta perché era quella che mi faceva meno schifo e perché volevo lavorare con le emozioni.

Dopo la laurea triennale, ho deciso di specializzarmi

in Psicologia del Marketing. Amavo il mondo del marketing e delle campagne pubblicitarie, e i social media erano da sempre una delle mie passioni. E in effetti mi sono divertito. E ho imparato parecchio, soprattutto a **empatizzare** con le persone, a capire cosa piace e come comunicarlo.

Ma la svolta, quella vera, è arrivata con l'esperienza negli Usa.

Volevo fare qualcosa all'estero: un Erasmus, uno scambio tra studenti, un Overseas... tutto purché mi portasse fuori dall'Italia! E al tempo stesso volevo puntare a qualcosa di concreto, che mi garantisse un minimo ritorno economico.

Così ho optato per un'esperienza di un mese presso una delle università più prestigiose del mondo (sentendomi un po' come quelli che nei film vincono le borse di studio). La Boston University offriva un corso di specializzazione in digital marketing, public speaking e public relations: non potevo desiderare altro. E la possibilità di approfondire i temi che più mi interessavano negli Usa, che sono avanti anni luce rispetto a noi in questo ambito, era veramente il meglio che mi potesse capitare.

Così a inizio luglio parto con Caterina, un'amica conosciuta grazie a Lady Gaga. Ero felice ci fosse anche lei perché va bene l'avventura, va bene l'intraprendenza, ma non mi sentivo ancora pronto al cento per cento a spiccare quel salto. O forse sì, lo ero. Non so. Né m'importava: lei c'era e questo mi bastava, inutile porsi il problema.

Dopo un lungo viaggio, il mio secondo *overseas*, Caterina e io ci siamo diretti subito al dormitorio e… ommioddio, avrei davvero dormito in un college?! Mancava solo di entrare nella confraternita KKT di *Scream Queens* e la mia vita sarebbe stata completa!

Nonostante l'avessimo richiesto esplicitamente, non avremmo dormito insieme, ma con degli sconosciuti. La camera non era granché, ma per me che ero abituato a dormire in aeroporto era una suite deluxe. E poi, almeno, era sullo stesso piano della sua. Il problema era il mio compagno di stanza. Non che fosse cattivo o maleducato, ma non era americano, non era inglese, non era australiano, bensì metà gallese e metà scozzese. Questo vuol dire che aveva un **accento incomprensibile**. Giuro, il mio C2 in lingua inglese, che mi aveva permesso di vincere la borsa di studio, stava diventando un A2, dall'Advanced al livello Base in meno di un giorno. Non capivo una parola! Era come se un milanese ascoltasse un calabrese parlare in dialetto. Quindi a ogni sua frase rispondevo con "*Yes*" semplicemente perché non volevo risultare antipatico. Poteva anche insultarmi, e io avrei risposto: "*Yes*".

Per fortuna c'era Caterina.

Quando non eravamo a lezione, facevamo delle mini gite, una specie di American Tour a tappe forzate (visto che un mese sembra tanto ma dura meno di un respiro). È vero, eravamo lì per studiare, ma avevamo troppa voglia di vedere, di esplorare... Se non ci fossimo guardati attorno, se ci fossimo concentrati sul dito dimenticandoci la luna, quell'esperienza non sarebbe stata completa.

La prima tappa è **SALEM**, la città delle streghe, in Massachusetts. Sì, proprio quella della serie tv. C'è persino la statua della "strega televisiva" Sabrina Spellman. E non dimentichiamoci che questa cittadina è diventata famosa grazie al film *Hocus Pocus* (se non l'avete visto dovete correre a guardarlo perché è un *must*, un po' come Anastasia e Mulan).

Storicamente, la fama di Salem risale alla fine del Seicento, quando ci fu una grande caccia alle streghe e diverse donne vennero ingiustamente arrestate, torturate e giustiziate. Insomma, una follia.

Girando per le sue strade, però, mi rendo conto che ciò che era storia – un'orrenda pagina di storia – è diventato il pretesto per viaggiare, *dark tourism* a tutti gli effetti. È un luogo un po' kitsch: tra case nere, calderoni e manici di scopa sparsi un po' ovunque l'impressione che si ha è che la città sia stata trasformata in un grande parco dei divertimenti, un Halloween senza fine. Ed è pure pieno di quelle persone che si fingono statue, ti avvicini e poi *buuu!*, ti spaventano all'improvviso. Odio.

Eppure sono felice di essere lì, sento che quest'esperienza così **surreale** mi lascerà comunque qualcosa.

E questa sensazione è tornata il weekend successivo, quando insieme a Martina, la compagna di stanza di Caterina, una ragazza italiana che ha il nostro stesso *mood* riguardo ai viaggi, il nostro approccio e la nostra curiosità, andiamo a **MARTHA'S VINEYARD**, un'isola piuttosto esclusiva a sud di Cape Cod dove gli americani (che se lo possono permettere) trascorrono l'estate, con le sue case colorate con vista sull'oceano e le bandiere a stelle e strisce in bella mostra ovunque... Un posto strano, costoso (a eccezione del celebre panino con l'aragosta, che paghiamo solo 8 dollari), in cui restiamo poche ore, ma che comunque, come Salem, mi lascia qualcosa.

Ma cosa? Sul momento non lo capisco neppure io, è come la sensazione che dentro di me stia avvenendo una trasformazione. Forse non è il posto in sé, ma la felicità di averlo visitato, di aver visto e toccato con mano *ways of life* così diverse dalla mia, e la voglia di sperimentare ancora.

→

Il fatto è che queste escursioni, oltre a permetterci di allenare le nostre competenze linguistiche, ci fanno vivere la mentalità americana e abbracciare la diversità culturale.

←

Ed è qualcosa di estremamente interessante, tanto quanto le lezioni all'università, che negli Usa sono impostate in modo diverso rispetto all'Italia: richiedono partecipazione, curiosità, collaborazione... Sono molto più **stimolanti** di quelle alle quali siamo abituati.

Comunque, il culmine del nostro mini tour è stato l'ultimo viaggio: **NEW YORK**.

E già che ci siamo... ecco 9 cose da fare e vedere nella Grande Mela:

- godersi il panorama da... Dove si ha la vista migliore? Non dall'Empire State Building, non dalla Trump Tower, bensì dal **TOP OF THE ROCK**, quasi 260 metri di altezza, situato nel Rockefeller Center (dalla sua terrazza, peraltro, vedi anche l'Empire, che alla fine è il simbolo della città);
- fare il tour delle *location* di *Sex and the City*, un *must* per coloro che sono cresciuti con questa serie: la fa-

mosa casa in **PERRY STREET**, Upper East Side, vi catapulterà dentro il mondo di Carrie Bradshaw. Esattamente come la casa di *Friends*, che si trova al 90 di Bedford Street, nel West Village;

- visitare lo Stato vicino a New York City, il New Jersey, dove c'è una cittadina, **HOBOKEN**, che è la città natale di Buddy Valastro, il Boss delle Torte televisivo;
- fare un salto nel quartiere trendy di **DUMBO**, a Brooklyn, dove sono stati ambientati *C'era una volta in America* e *Gossip Girl*. Lo avrete notato: New York è il paradiso per chi vuol fare cineturismo;
- entrare nella corona della **STATUA DELLA LIBERTÀ**, prenotando almeno tre mesi prima (sì, perché gli accessi sono veramente ridotti);
- aspettare l'alba al memorial di **GROUND ZERO**;
- cercare gli omaggi ad *Alice nel paese delle meraviglie* e John Lennon (tra gli altri) passeggiando per **CENTRAL PARK**. Quando vi immergerete in questo parco, vi renderete conto della sua vastità e di quante sorprese nasconde;
- fare un giro a **LITTLE ITALY**: andateci solo per capire cosa intendono gli americani per "Italia". Loro adorano il nostro Paese, ne sono letteralmente ossessionati;
- visitare il parco flottante a **LITTLE ISLAND**, sul fiume Hudson: costato 260 milioni di dollari, è stato inaugurato il 21 maggio 2021. Una vera novità!

Ecco, dopo questi viaggi (e dopo aver terminato l'esperienza al college con un bel voto, che però, a quel punto, era l'ultima cosa che mi interessava) siamo tornati in Italia.

E nulla era più come prima.

Quell'esperienza mi ha lasciato tanto, tantissimo.

Mi ha permesso di conoscere persone provenienti da ogni parte del mondo. Di vivere lontano dalla mia zona di comfort, dove tutto è noto e a portata di mano. Mi ha permesso di creare un rapporto profondo con le mie compagne d'avventura, Caterina e Martina, con cui condividerò per sempre alcuni ricordi.

Ma soprattutto ha acceso in me la scintilla.

Viaggiare era una cosa che mi piaceva. Così come comunicare, relazionarmi con le persone. Ora, dopo il college, avevo capito come farlo al meglio. E come mettere insieme le due cose.

Doveva essere un viaggio di studio. È stato molto di più.

Una volta tornato, sapevo cosa avrei voluto fare nella vita: vedere, conoscere, scoprire, sentire le *vibes* di persone e posti.

In tre parole:

continuare a viaggiare.

RINGRAZIAMENTI

Questo libro è nato dalla mia voglia di evadere da una realtà che mi stava scomoda: oggi ringrazio quella realtà perché, seppure *low cost*, il sedile sul quale sto viaggiando è veramente comodo.

E grazie alle persone che hanno ispirato questo libro, sapete benissimo chi siete.

Mondadori Libri S.p.A.

Questo volume è stato stampato
presso ELCOGRAF S.p.A
Via Mondadori, 15 - Verona

Stampato in Italia - Printed in Italy